深圳市宣传文化事业发展专项基金资助项目

深 圳 博 物 馆 开 馆 20 周 年 特 展

晋国霸业

山西出土两周时期文物精华展图录

深圳博物馆 山西博物院 山西省考古研究所 编

文物出版社

深圳市宣传文化事业发展专项基金资助项目
深圳博物馆开馆20周年特展

晋国霸业——山西出土两周时期文物精华展图录

主　　编：杨耀林　石金鸣　宋建忠

副 主 编：郭学雷　李　勇

编　　辑：李维学　梁育军　王晓春

版式设计：穆建伟

图版说明：谢尧亭　吉琨璋　梁育军
　　　　　陈汾霞　宋　涛

摄　　影：厉晋春

绘　　图：李夏廷

校　　对：谷银波　王晓春

致　辞

　　值此"晋国霸业——山西出土两周时期文物精华展" 在深圳博物馆盛大开幕之际，谨代表山西博物院、山西省考古研究所对此次展览的成功举办表示热烈的祝贺！

　　山西，简称"晋"，中国北方大省，位于黄土高原东缘，历史上曾是中原农耕文明和北方草原文明交汇融合的天然通道，在中华民族发展史上扮演着非常重要的角色。山西南部地区是中华民族的重要发祥地。公元前11世纪至前3世纪，800年晋与三晋历史在这里沉淀出灿烂的晋文化，成为中国古代北方地区最主要的一支文化体系。

　　伴随着田野考古工作的开展，山西两周考古工作捷报频传，侯马晋国遗址、太原赵卿墓、曲沃北赵晋侯墓地……特别是进入21世纪以来，曲沃羊舌晋侯墓地、绛县横水墓地等一系列重要发现一次次引得学界聚焦，同时也不断丰富着我们对晋国的了解。随着考古工作的开展和博物馆的展示宣传，公众对晋国的认知，正从单薄的"桐叶封弟"的传说，充实为一部"从小诸侯国到中原霸主"的奋斗史。那精美绝伦的青铜艺术，那精湛高超的治玉技术，蕴含着两千多年前的风云变幻，让古老的晋国焕发出令人心旌神摇的风采！

　　今天，山西出土的两周时期文物精华在深圳博物馆展示，我们十分高兴与所有尊重知识、崇尚文化、积极奋进中的人们共享这笔厚重的文化遗产。我们期待着：古老的晋国与充满活力的深圳，跨越两千年时空共鸣融合！

　　展览开展之际，恰逢深圳博物馆开馆20周年，二十年来深圳博物馆在文物收藏保护、传播科学知识、促进文化交流等方面取得的成就有目共睹，在此表示热烈祝贺，并祝愿深圳博物馆取得新的辉煌！

　　最后，预祝"晋国霸业——山西出土两周时期文物精华展"取得圆满成功！

山西博物院院长　

山西省考古研究所所长

致　辞

　　2008年11月，我们迎来了深圳博物馆开馆20周年。以改革开放史为主题陈列的深圳博物馆新馆也将在中国改革开放30周年纪念日隆重开馆。在这喜事连连的盛世华诞里，山西博物院、山西省考古研究所又为我们送来了特殊的厚礼——《晋国霸业——山西出土两周时期文物精华展》。

　　山西历史文化积淀深厚，地上、地下文物资源十分丰富。在这块神奇的黄土地上，诞生了春秋五霸之一的晋国和战国七雄中的韩、赵、魏（合称三晋），孕育出富有浓郁地域特色的晋文化，在中华文明历史长卷中勾勒出一段壮美图景。自古以来，这里豪杰名士辈出，晋文公、廉颇、蔺相如、荀子、卫青、霍去病、王维、白居易等都是我们耳熟能详的历史文化名人，可谓帝王兴、龙虎出之地。

　　此次展览汇聚了山西博物院及山西省考古研究所收藏的两周时期文物之精粹，尤以青铜器和玉器为重。其中曲沃北赵晋侯墓出土的兔尊造型生动写实，在青铜器中尚属首见；绛县横水墓地出土的一组青铜觥、尊、彝、簋的装饰风格华丽而富有神秘色彩，是山西西周青铜器中的翘楚。赵卿墓出土的鸟尊沉稳典雅，羽纹华丽精美，设计匠心独运，堪称晋国晚期青铜器工艺的杰作。晋侯墓、羊舌墓地出土的玉器，品类纷呈，工艺精湛、选料精良，特别是晋侯墓出土的人首神兽纹玉戈，风格诡异，纹饰深镂细刻，雕琢技艺高超，代表了西周治玉的最高水平。赵卿墓和西高祭祀遗址出土的玉器，更凸显出晋国晚期治玉工艺的辉煌成就，乃春秋玉器之集大成。这些精致华美的文物是千年历史沉淀给我们的记忆，是大雅久不作、王风委蔓草时代的真实写照，是博大精深的晋文化留给我们的灿烂瑰宝。希望此次展览能够给深圳这个年轻现代的都市以历史文化的滋养，让市民亲身感受文物的永恒之美。

　　最后感谢山西博物院和山西省考古研究所的大力支持，感谢我市宣传文化事业发展专项基金的资助，预祝"晋国霸业——山西出土两周时期文物精华展"取得圆满成功！

深圳博物馆馆长　

序　言

　　公元前11世纪，武王克商，西周建立，分封诸侯，屏藩王室。成王"桐叶封弟"，叔虞入主唐国，其子燮父改号为"晋"。其后励精图治，开疆拓土，逐渐强盛。周室东迁，文侯首功；践土会盟，文公称霸；其后纵横中原，九合诸侯，成就百年霸业。晋国鼎盛时期，地跨晋、豫、冀、鲁，疆域辽阔。春秋晚期，公室衰落，六卿专权，最终导致"三家分晋"。韩、赵、魏变法图强，称雄战国。晋国六百年伟业，奠定了山西历史文化的基石。

　　山西南部是晋国的始封地和中心区域，遗存丰厚。"天马—曲村遗址"为晋国早期都城，"晋侯墓地"震动学界。"侯马晋国遗址"是晋国晚期都城新田，"铸铜遗址"和"侯马盟书"名扬中外。中部的"晋阳古城"则是晋国末期执掌政柄的赵简子的政治军事基地，后来成为赵国的初期都城，"赵卿大墓"气势恢宏，新人耳目。

目 录

晋国文化综述

谢尧亭　梁育军

山西，中国北方大省，位于黄土高原东缘，表里山河。北越长城即塞外草原，东跨太行进入华北平原，南过黄河乃中原腹地，面积15.6万平方公里。这里是中华文明的重要发祥地，是中原农耕文明和北方草原文明交汇融合的天然通道和军事重地，在中华民族文化发展史上扮演着举足轻重的角色。这里在公元前11世纪至前3世纪，诞生了伟大的晋国和三晋，孕育出富有浓郁地域特色的晋文化，因而山西简称为"晋"，后来的韩、赵、魏三国，皆源于晋，又称为"三晋"。

一

公元前11世纪初，以渭河流域为中心的周部族兴盛崛起，周武王姬发联合许多方国和部落，东征没落的商王朝。在牧野之战中大获全胜，商朝灭亡。周王朝建都于今西安附近的镐京，史称西周。周武王之后，年幼的成王继位，由周公摄政。周的贵族管叔、蔡叔纠集商纣王之子武庚和殷商旧民，以及北方的一批已经归顺周朝的诸侯、方国和部落，发动大规模的军事叛乱，史称"管蔡之乱"。位于今山西省南部的商朝旧方国——唐国也卷入其中。周公率军三年才平息了叛乱。为防止类似事件再次发生，周王朝把王室子孙、亲属和功臣分封到各地作为王畿的屏障。周成王的同母兄弟叔虞被分封到故唐国之地，史称唐叔虞。在《史记》等史书中还记载了一个饶有趣味的"桐叶封弟"的故事。

在举行了隆重的授土授民仪式后，唐叔虞率领成王赐予的"怀姓九宗、职官五正"，谨奉着礼乐重器入主唐国，组建新的政权，"启以夏正，疆以戎索"，因地制宜务实安邦，很快打开了局面。

唐叔虞死后，其子燮父继位，改唐为晋，开创了晋国600年历史之端。晋国之初，只是"河、汾之东，方百里"的一个小国，位于今天晋南曲沃县、翼城县一带。四周方国林立，诸戎环伺。见于史籍者有杨、霍、贾、郇、虞等国，高者称公，低者为伯。还有很多诸侯国（如偪国）则文献失载。燮父之后的历代晋侯，励精图治，开疆拓土，兼并诸邻，至西周末期逐渐强大起来。

公元前771年，周幽王荒淫无道，宠幸褒姒，废嫡立庶，犬戎进据泾渭，王室

内乱，周王室难以在关中立国，决定东徙成周(今河南省洛阳市附近)。其时，晋文侯率军入周都镐京，与郑武公、秦襄公合力护送周平王东迁，稳定了局势。公元前770年开始，称为东周，也即进入春秋时期。周平王嘉文侯之功，作《文侯之命》，赞扬晋文侯是促成他安于王位的人，勉励文侯能像文、武时代的贤哲那样勤事王室，继承其列祖列宗之余烈，治理好自己的国家。该文被保存于《尚书》中。晋文侯是晋国历史上一位杰出的君主，在位长达35年，为以后晋国的强盛奠定了基础。

公元前746年，文侯之子昭侯继位。昭侯封其叔叔成师于曲沃(今山西省闻喜县境内)，称"曲沃桓叔"。曲沃在当时是比晋国国都"翼"还大的一个十分重要的城邑。桓叔利用其领地土地肥沃，交通便利的优势和丰富的政治经验，使曲沃成为晋国第二个政治中心，受到晋国人民的拥戴。《史记·晋世家》称桓叔"好德，晋国之众皆附焉"。公元前739年开始，曲沃的小宗与晋国公室公开对立。双方的战争规模不断扩大，周天子和不少诸侯国都牵涉其中。经过60多年的争斗，到公元前678年，曲沃第三位继任者曲沃武公彻底消灭了晋公室，取代了晋国政权，称为"旁支代宗"，曲沃武公贿赂周釐(xi)王，釐王封曲沃武公为晋君，列为诸侯，自号晋武公。晋国开始了一个新的发展阶段。

武公之子晋献公统治期间，对内发展经济，对外开疆拓土，大肆兼并周边诸国，先后灭虞、虢、焦、滑、霍、杨、韩、魏等十几国，版图拥有今山西省南部，以及陕西和河南的一部分，晋国从此蓬勃兴起。

公元前656年，晋献公的宠妃骊姬，离间献公父子的关系，致使太子申生自杀，公子重耳、夷吾出逃。时年40余岁的重耳率其私属狐偃、赵衰、胥臣、先轸等一行数十人，被迫流亡在外19年，历尽磨难。公元前636年，已经60余岁的重耳，在秦国的帮助下返回晋国即位，即晋文公。这个时候(春秋中期)，中国历史进入诸侯争霸的阶段，最先称霸的是齐桓公。文公重用贤能，励精图治，大力发展经济和军事实力，高举"尊王攘夷"旗帜，晋国逐渐强盛。公元前635年，晋文公率军平定周王室内乱，为此周襄王赏赐晋国黄河以北的8座城邑，文公由此声名大振。

公元前632年，日益强盛的晋国与当时诸侯国中实力最强的楚国，在城濮（今山东省鄄城附近）进行决战，史称"城濮之战"，晋国获胜。同年五月，晋文公召集各国诸侯，在践土（今河南省荥阳）举行盟会。周襄王赐以车服弓马，册命晋文公为领袖诸侯的"侯伯"，可以用王的名义征讨四方，奠定了晋国100余年的霸主地位。其最大时疆域占有山西大部和河北、河南、陕西的部分地区，俨然成为中国北方诸侯国之首。

公元前585年，晋景公将都城迁到"土厚水深"的新田（今山西省侯马市）。新田成为晋国乃至北方重要的政治、经济和文化中心。公元前573年至前558年，雄才大略的晋悼公在位，晋国的霸业再现了文公时代的辉煌。其后，晋国统治集团专注于内部权力的争夺，对争霸失去了兴趣。公元前482年晋、吴"黄池之会"标志着晋国霸主地位彻底丧失。

晋国晚期，公室衰微，军政实权由范、中行、智、赵、魏、韩六卿掌控，史称"六卿专政"。权卿们为了各自利益，不断寻求内部团结和打击敌对势力，因而频繁的"盟誓"和兼并战争始终贯穿其中。公元前453年，赵、魏、韩联合，在赵氏的食邑——晋阳（今山西省太原市）城外，彻底打败智氏。韩、赵、魏三家瓜分了晋国，分别建立了独立的国家，公元前403年被周王正式册封为诸侯。名义上的晋国，苟延残喘至公元前376年终于灭亡。"三家分晋"成为中国历史上一个重要的转折点。此时的中国大地已进入战国时代。韩、赵、魏三国承续晋国余脉，各自发展，变革图强，均位居战国七雄之列，将晋文化的影响推向更大范围。

战国中期以后，随着西边秦国的逐步强大，赵、魏、韩三国却日渐衰落，公元前230年秦灭韩，公元前227年秦灭赵，公元前225年秦灭魏。公元前221年，一个统一的强大的秦国出现在中国大地。

二

曾经叱咤风云600余年的晋国的风采在哪里？作为中国古代两周时期中华文化一支重要的文化体系——晋文化的面貌又如何？我们怎样才能近距离地观察和认识

它？"河、汾之东，方百里"是《史记·晋世家》中对晋国始封地——唐的记述。"河"即黄河。"汾"是汾河，"方百里"是指唐的国土范围。但是，古唐国，也就是早期的晋国具体地理位置究竟在何处？多年来一直是史学家和考古学家探索的重点。

20世纪60年代，考古工作者在山西省南部的曲沃县曲村和翼城县天马村一带，发现了面积约11平方公里的西周至春秋时期的大型遗存，命名为天马—曲村遗址。由居住址和墓葬两大部分组成。居住址主要有房址、水井、窖穴、陶窑和灰坑等。墓葬包括分布于曲村的"邦墓"区（民众的墓区）和分布于北赵村的"公墓"区。公墓区即晋侯墓地，位于天马—曲村遗址的中心地带，面积约2.2万平方米，20世纪90年代发现，截至2000年，经过6次大规模发掘，共发现了9位晋侯及其夫人的墓葬共19座，另有大量附属的车马坑和陪葬墓等正在清理中。出土文物数以千计，青铜器和玉器是墓地出土的主要文物。数十件铸有铭文的青铜器上出现有6位晋侯的名字。考古学家对墓葬的年代测定，结合《史记》中对晋侯世系的记载，排出9位晋侯的顺序，依次是改唐为晋的晋侯燮父、武侯、成侯、厉侯、靖侯、釐侯、献侯、穆侯，以及护送周平王东迁的晋文侯。晋侯墓地的发现和研究，填补了晋国早期历史文献的空白，提供了西周年代学研究的重要依据。天马—曲村遗址和晋侯墓地的发现证实，这里就是晋国的始封地，也是晋国早期的政治、经济、军事和文化中心。

2005年，山西省考古研究所在曲沃县羊舌村又发现了一处晋侯墓地，已发现两至三组晋侯和夫人的墓葬，该墓地与北赵村晋侯墓地隔河谷相望，虽然羊舌晋侯墓地在历史上就已被盗，墓主身份也存在争议，但仅从残存的精美文物上亦可领略晋侯生前的奢华与地位。

2004—2007年，考古工作者于绛县横水镇发现一处大型墓地。发掘西周墓葬近1300座，出土大量精美文物。从铜器铭文可知该墓地属于史籍失载的倗伯墓地，其地位于晋国西南，约春秋早期为晋所灭，它的发现对于研究西周时期的封国文化具有重要价值。

在山西省闻喜县上郭村和邱家庄一带，10平方公里范围内分布古城址一座和大规模墓群。墓葬区位于城址以北，面积约25万平方米。1974～1989年，考古工作者清理西周晚期至春秋中期墓葬130余座，出土一批珍贵文物，青铜器铸造工艺精湛，艺术价值颇高。根据地望并结合文献分析，上郭古城址及附属的墓地应当就是春秋初期晋昭侯元年（公元前745年），封自己的叔叔成师于曲沃之曲沃城。公元前678年，曲沃武公"旁支代宗"，由这里出发夺取了晋国的政权。

20世纪50年代，在山西省侯马市，考古工作者发现了面积约35平方公里的规模宏伟的古城址，这就是著名的侯马晋国遗址。主要由相互毗连，呈"品"字形分布的牛村、平望、台神三城，以及周边的多座小城组成。牛村古城址南和东南部集中分布手工业作坊遗址，面积约20万平方米，其中以铸铜作坊遗址为主。1957年出土铸铜器的陶范约3万多块，可辨器形者1000余件，完整或能配套的100余件，器类分工具、兵器、钱币、礼乐器、车马器、生活用具及其它等8个种类，覆盖了已知的春秋至战国时期晋式铜器的大多数，不少流散的晋式铜器也得以确认。铸铜遗址保存之完好，出土遗物之丰富，是至今中国所有同类古代遗址所无法比拟的。侯马陶范是晋式青铜文化的重要组成部分，更在中国青铜文化大家庭中闪耀着夺目的光彩。另外，还发现有大型夯土基址群、道路、排水通道、房址、灰坑等遗迹。墓地分布于上马、下平望、东高、秦村等地，侯马市西南新绛县西柳泉村的柳泉墓地，则是晋国末期诸位晋公的墓区。

几十年来，对侯马晋国遗址的考古工作始终没有间断，取得了丰硕的成果。2001年，在侯马市西高村汾河南岸的台地上，再次发现了一处春秋晚期至战国早期的大型祭祀遗址，在12万平方米范围内，共清理祭祀坑733座。祭祀活动是有组织、有规划的，按一定规律排列，东西成排，南北成行。祭祀坑内出土有大量精美的玉器。学者研究所祀当为汾河之神——台骀。

侯马晋国遗址，就是公元前585年晋景公迁都的新田，至公元前376年晋国彻底灭亡，这里一直是晋国政治、经济、文化的中心。在春秋时代的晚期，晋国的手工业水平之高，经济实力之强令人叹为观止。

　　晋阳古城位于山西省太原市南。1961年至今，经多次调查发掘，面积约200万平方米，是春秋时赵卿的食邑，始建于公元前五世纪，由赵简子家臣董安于所建，是赵氏军政中心。公元前453年，赵氏在此联合韩、魏二家消灭了智氏集团，开创了三家分晋的局面。

　　1988年，在古城址以北的金胜村发掘了一座大型积石积炭墓，墓外附有110平方米的大型车马坑。随葬器物3400多件，其中青铜器达1400余件，"礼、乐、兵、舆（含工具）四类齐备"。为迄今为止所见等级最高，规模最大，随葬品最丰富，资料最完整的晋国高级贵族墓葬，墓主极可能即春秋时期晋国显赫的正卿赵鞅（赵简子）。

　　另外，山西各地均发现并发掘了大量东周时期墓葬，有的属于晋国的晚期，而有些已经进入三家分晋时期了。

三

　　天马—曲村遗址的北赵晋侯墓地出土的青铜器器类齐全，礼器占绝大多数，食器、酒器、乐器一应尽有。突出表现在出现了一些前所未见的器形，如猪尊、兔尊等；纹饰特点是平面花纹和立体装饰交叉，繁缛与简朴并行。鸟盖人足盉造型典雅，平面和立体的花纹共处一器，别具一格。晋侯断壶高浮雕式的龙纹变换着各种姿态，显得豪华大气，对鸟的尊崇和对人的贬抑也是显而易见的。如鸟盖人足盉以人负重作为器物的足，而顶部凤鸟昂扬欲飞，引发我们无尽的思考。除此而外的几何纹饰如波曲纹、鳞纹等在简单中寻求变化。闻喜县上郭村出土的青铜器虽然较小，然制作精致，刖人守囿车堪称精品，器物有15处可活动，并采用立雕和浮雕表现出鸟、猴、虎等14只动物，以及被砍掉左脚（古代的刖刑）的守门人，构思新颖，工艺精湛，精妙绝伦。

　　春秋时期以来，晋国成为雄据黄河中游的头等强国。占据中原经济、文化中心地区的地理优势，加上本身固有的多元文化因素，形成以中原传统文化为主，兼具显著自身特色的晋式青铜文化。青铜铸造技术可以说已经达到了完善臻美的程度

了。突出表现在侯马铸铜陶范的出土和以赵卿墓为代表的青铜精品的面世。

侯马陶范从铸造工艺上可分为模、范、芯三类。模就是母范，以淘洗过的泥土和沙塑造成铸件的完整模型（包括铸件的花纹），再用沙泥翻成外范和范芯，就可以铸造青铜器了。多数稍微复杂的铜器需要采用多个块范组合铸造。一件青铜器在成形前，需经过构思、设计、制模、翻范、合范、浇铸等一系列过程。部分难以一次浇铸成的器物零部件如耳、钮则使用活范铸造，然后再焊接到主体器物之上，这样可以解决很多铸造技术上的难关。青铜器铸好后还要进行打磨，一件完美的青铜艺术品便呈现在我们面前。侯马陶范的艺术特点有以下几个方面：第一，传统艺术的复兴。侯马陶范集商周传统艺术题材于一体，图案结构沿袭了周代以来盛行的宽身兽体纠结缠绕的模式，并使用多种工艺使铜器更具丰富的视觉效果。从中我们可以一窥已经绝迹的商周青铜艺术的造型题材和形式风格；第二，写实艺术的发达。动物的面部、身躯、四肢健全，鳞毛羽翼丝丝分明，充满生机。第三，奇异风格的出现。如鸟首兽身的凤鸟，双角双耳的鹰、双角或双翅的龙和虎等等，已经成为晋式青铜器独特的装饰纹样。是否与中亚或西亚存在文化上的交流值得深入探讨。看似平常的泥土被古人运用得如此神奇，令人叹服。

赵卿墓出土的青铜器，可谓春秋时期晋式青铜艺术的集大成之作。装饰题材以鸟为主的动物造型最具特色，如鸟尊、虎形灶、虎鹰互搏鋬内戈等，精心的造型设计配以精美的装饰花纹，青铜艺术达到前所未有的水平。

由以上可知，晋式青铜器的动物装饰，写实与图案相结合，突出视觉效果，退去了商代狰狞恐怖的形象，洋溢着鲜活灵动的清新气息，表现了一种着意追求动态美的艺术情趣。

玉是大自然的慷慨馈赠，晶莹其质，典雅其色，象征纯洁与美好，代表高贵与神圣。人类文明中，唯有中国人赋予它至高无上的灵性，对玉的崇拜深深地融入中国的传统文化和礼俗之中。

晋侯墓地出土的玉器，品类纷呈，工艺精湛，玉料精良，代表了西周时期中国治玉工艺的最高水平。从功能上可以分为礼器、佩饰器和丧葬器等。其中佩饰器数量最多，也最为精彩。大型组佩和串饰如一组由近50件璜和珩组成的玉组佩、玉牌

连珠串饰等，缤纷绚丽，气派非凡。还有生动有趣的肖形玉饰件，如人、熊、牛、鹿、鹰、马、凤、羊、龟、螳螂、虎、兔、蝉等，圆雕、透雕、浮雕、阴刻多种技法运用娴熟，具象和抽象完美结合，立意新颖，工艺超凡。有些玉饰件更是前朝（商朝）的孑遗，或许是周王朝的战利品，被周王赏赐给了分封的贵族。丧葬器以玉覆面为主，均由数十件玉石片组合而成人的面部五官，缀于纺织品上盖在死者面部，富丽豪华，开汉代玉衣敛葬之先河。

晋侯墓地出土的玉器无论从形制、纹饰和工艺上均较商代进步了许多，新出现了组合复杂的大型佩饰和玉覆面。商代双阴刻线技法改变为一条阴刻线与一条呈单面坡线条相结合的手法，形成西周的典型特点。在线条运用上更加流畅，富有韵律感。晋侯玉器为我们展现了一个内涵深厚、丰富多姿的玉的世界。

春秋战国时期，玉作为礼器的功能明显退化，代之以实用的佩玉的发达。器形有璜、龙、环、剑饰及方形和长方形玉片，纹饰以勾云纹最为盛行。赵卿墓和西高祭祀遗址出土的玉器，是春秋玉器的集大成者，凸显了晋国晚期治玉工艺的辉煌成就。

西高祭祀遗址共出土玉器256件，种类有龙、璧、瑗、璜、环、带钩、玉人、合页等，特别是玉龙就出土了30余件，其造型多样，纹饰精美，制作工艺高超，极尽雕琢之能事。龙体基本形态呈"S"形，或低头，或昂首，或回转，或爬行，或俯伏，或蹲坐，或如飞，或悠游。可谓龙形百态，具有强烈的时代特色。一件玉合页形器，两个透雕龙套在两个环形枢纽内，可上下翻弄，两个环形枢纽的雕琢妙不可言，反映出晋国玉器制作巧妙的构思和高超水平。

春秋以降，随着社会的变革，礼崩乐坏，玉器摆脱了商周严格的宗法礼制束缚，用玉制度发生了变化，被赋予道德内涵的佩饰代替传统的礼仪用玉占了主导地位，成为玉器发展的主流。

山西北通塞外，南接中原，自古是连接中原与北方民族的纽带。这里水土丰饶，物华天宝。特殊的地理环境，造就了繁荣的晋国，创造了丰富多彩的晋文化。晋国文物精华是晋文化物化的灵魂，是山西古代文明高度发达的缩影，也是全人类共同的财富。

第一单元

河汾骄子

翼城和曲沃交界处的"天马—曲村遗址"，
面积达10余平方公里。
20世纪60年代至今，
已揭露大面积的文化遗存。
其中墓葬分为"公墓"和"邦墓"（平民墓地），
晋国公族的"公墓"，
即著名的"晋侯墓地"，
出土大量文物。
从而确认了西周时期从燮父至文侯的9代晋侯，
结束了2000余年关于晋国始封地的论争，
证实这里即文献记载"河汾之东，方百里"的古唐地，
晋国早期都城之所在。

兔尊

西周(公元前11世纪—前771年)
高22.2厘米，长31.8厘米
1992年曲沃县北赵村晋侯墓地M8出土

兔作匍匐状，双目前视，两耳向后并拢，四腿蜷曲，腹部中空。兔身两侧饰三层依次凸起的圆形纹饰，由里向外依次是涡纹、四目相间的斜角雷纹和勾连雷纹。以兔作为尊的器形，在青铜器中尚属首见，在晋侯墓地的M8组（晋献侯夫妇）、M64组（晋穆侯夫妇）墓中均有数个铜兔尊作为礼器陪葬，且大小不一、形制有别，是为奇观。

线图示意图

晋侯斯壶

西周(公元前11世纪—前771年)
通高68.8厘米，口纵18厘米，口横22.8厘米，腹最宽35.2厘米
1992年曲沃县北赵村晋侯墓地M8出土

盛酒器。壶为长颈垂腹椭方形，同样形制的壶在陕西眉县西周铜器窖藏也有发现，惟盖有别。此壶的口、盖结合处与普通的壶不同，从外形看，壶盖似乎与常见的子口内插的壶盖相同，实际上是壶口开在四周镂空波曲形华冠之中。盖为平盖，上有山形镂空捉手。双耳作象首形，其上扬的长鼻又做成曲体的龙形，耳内各套一环。盖面饰体躯交缠的吐舌龙纹，口下和圈足饰兽目交连纹，颈部饰波曲纹，腰横一道鳞纹，腹部以一个圆突的双身龙首为主，辅有多条身躯相交的龙纹。整器造型别致、雄浑，纹饰华美、流畅。盖内铸铭文4行26字，记晋侯斯作此壶，用于祭祀其祖、父。

线图示意图

铭文拓片

晋侯䚛簋

西周(公元前11世纪—前771年)
通高38.4厘米，口径24.8厘米
1992年曲沃县北赵村晋侯墓地M8出土

盖为隆顶，圆形捉手。器身敞口，束颈，鼓腹，圈足外侈，下连方座。两侧有兽首垂珥耳，双耳浑厚，颇具气势。足底部一环，应为系铃所用。盖顶、盖沿、器颈、腹部、圈足各饰兽目交连纹一周，兼饰粗疏的横条沟纹。方座侧面饰兽目交连纹，方座面上四角各饰一个牛角形兽面纹。盖内、器底铸有铭文4行26字，内容与晋侯䚛壶相同。

鸟盖人足盉

西周(公元前11世纪—前771年)
盉身径20.6～21.8厘米，高34.6厘米
1992年曲沃县北赵村晋侯墓地M31出土

盛酒或盛水器。扁椭圆体曲流形盉，顶有长方形口，口沿外侈，上为圆雕的振翅鸟形盖，以熊形链与器相连。器前有昂首曲颈的龙首形流，后为兽首形鋬。器足为两个裸体的半蹲人形，身前倾，背负器身，形象极其生动，非常逼真传神地表现出这两人负重时的姿态。盉身两侧饰三周圆形纹饰，中间是蟠曲的团龙纹，其次是一周鳞纹，外圈是斜角云纹。盉身上部饰体躯相交的龙纹，有细雷纹为地，两侧为鳞纹，这件盉造型别致，构思奇特。据考证，墓主当为晋献侯之夫人。

线图示意图

楚公逆钟

西周(公元前11世纪—前771年)
最大者通高51厘米、铣间距28.8厘米
1993年曲沃县北赵村晋侯墓地M64出土

此为编钟，8钟成编，但8钟从纹饰的差异，可以分为两型三式。一型一式有五件，三件较大，二件较小，甬部略作椭方形，于部弧度较浅，枚等部位用浅、细的单线划分，间饰有尖凸的乳钉纹。舞部饰勾连云纹，旋饰目雷纹，鼓部饰龙、凤、虎等相纠的纹饰，篆部饰须、爪细长的墨鱼纹，这种纹饰过去称为蝉纹，但其头部和须、爪的特征应该是与墨鱼非常相似。有数钟的鼓侧有一竖耳、身披鳞甲的动物作为第二基音标志。一型二式仅一件，是整套钟中最大的一件，除以浅细的阳线连珠纹取代尖凸的乳钉纹外，其余与一式相同。二型有两件，是整套钟中最小的两件，二部弧度稍大，纹饰是由较粗、深的线条组成。篆、鼓部均饰云纹，第二基音的标志是鸾鸟纹。从所存的铭文内容看，似乎与前6钟铭文无关。具体内容尚有待于深入研究。前6钟均铸有铭文，多数为锈侵蚀，文字残泐较甚，数钟钲部铭文保存尚可。从现存的铭文看，其内容是记叙楚公逆为祭祀祖先出征，有所俘获后，作此编钟。楚公逆一般认为即《史记·楚世家》记载的熊咢，其在位时间与晋穆侯相当。史籍记载的晋、楚相交，约在春秋早中期之际，现晋穆侯的墓中出土了楚公逆钟，表明两国早已有往来。

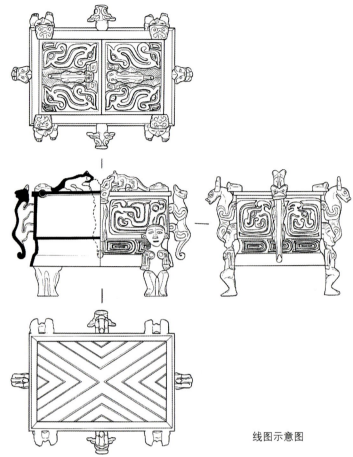

线图示意图

龙耳人足方盒

西周（公元前11世纪—前771年）
高9.3厘米，口纵8.8厘米，口横19.2厘米
1993年曲沃县北赵村晋侯墓地M63出土

长方形盒，顶部有两扇可以开启的小盖，其中一盖设卧虎形钮。方盒四面各攀爬一条回首吐舌的龙形耳，四隅有勾曲形棱脊。方盒以四个裸身踞坐的人形为足，其背对方盒，双手后摆，背负手抬以承其重。盖面饰两头龙纹，四周围有箭镞形几何纹。盒壁饰变形兽体纹，下为波曲纹。

晋叔家父方壶

西周(公元前11世纪—前771年)
高50.8厘米,口长18.8厘米
1994年曲沃县北赵村晋侯墓地M93出土

长椭方形壶,椭圆形捉手盖,口略侈,长颈稍内收,垂腹,圈足,颈两侧有龙形翘鼻的兽首衔环耳。椭圆形捉手内饰相交的双头龙纹,盖沿、器颈饰变形兽体纹,口沿下有一周三角形几何纹。腹部由宽窄相交的线条层叠组成十字形界栏,在每一交叉点有方锥体突出,由十字形分隔出的每一区域饰兽目交连纹。圈足饰斜角云纹。盖的子口内侧铸4行18字,记晋叔家父作此壶,各字间有阳线方格。该墓主为两周之交时拥立周平王东迁的晋文侯。

兽目交连纹匜

西周（公元前11世纪—前771年）
长30厘米，高16厘米
2005年曲沃县羊舌村出土

敞口，流略上昂，龙首形鋬，瓢形器
腹，四个兽蹄形扁足，口沿饰兽目交
连纹，腹壁饰数道横条沟纹。

兽目交连纹盘

西周（公元前11世纪—前771年）
直径46厘米，高16厘米
2005年曲沃县羊舌村出土

方唇，窄折沿，浅腹，圈足，圈足
下附三小兽蹄形足，口沿和圈足均
饰兽目交连纹。

鹰纹玉圭

新石器时代
长21厘米，宽4厘米，厚0.1厘米
1971年侯马市煤灰制品厂祭祀坑出土

上下两端磨薄出刃。中部阴刻一展翅的鹰形图案，其下阴刻两组6道横线，再下有一圆穿。

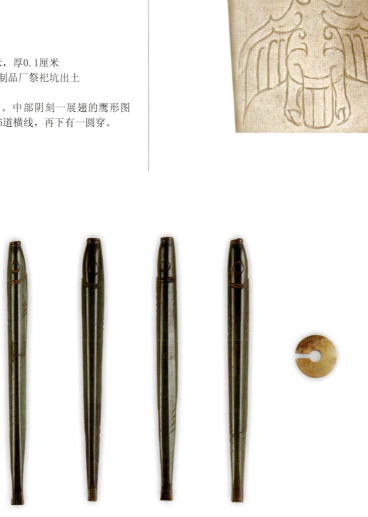

玉鱼、玉玦

西周(公元前11世纪—前771年)
鱼长11.6厘米，玦外径2厘米
1994年曲沃县北赵村晋侯墓地M92出土

共6件，由4件玉鱼和2件玉玦组成。玉鱼为青玉，呈墨绿色，四鱼整齐并列，鱼头朝南，长条形，造型简洁，流畅。鱼身刻纹一面呈弧面圆凸，另面平齐，平齐一面两鱼可相合为圆柱体，出土时刻纹朝下，鱼嘴有小圆穿。玉玦2件，白玉，位于玉鱼两侧。此组玉器出土于墓主人头下部，当为饰发之玉。据考证，墓主当为晋靖侯之夫人。

玉牌联珠串饰

西周(公元前11世纪—前771年)
通长约68.5厘米
1994年曲沃县北赵村晋侯墓地M92出土

由镂空鸟纹梯形牌1件，玛瑙管388件，料管126件，煤精石扁圆珠20件，共计500件组成。玉牌，青玉，梯形，镂空透雕双鸟，相背面立，尾上翘与华冠相连，身饰阴刻线纹。上端有对穿小孔6个，分别维系6串料管，下端有斜穿小孔10个，用以维系下部串饰。下部串饰10条，每条由6个料管，7个方形或圆形黄玛瑙，30个左右的红玛瑙管，2个煤精片串成，整体复杂、壮观。此种组配多见于西周女性高级贵族墓中，出土于左右肩部，垂于胸前。

煤质串饰

西周(公元前11世纪—前771年)
通长约50厘米，璜长10.8厘米
1992年曲沃县北赵村晋侯墓地M31出土

共101件。整组串饰由玉环1件，璜2件，煤精石26件，青料管若干组成。环为青玉，泛黄色，完好，素面。环下系串珠2条，每条由13个煤精石，12组青料珠组成，每组料珠是3个，煤精石均残破崩裂。串珠下方是璜，璜为弧形片雕，白玉，土沁泛黄，表面残留朱砂，两端分别为龙、虎侧面形象，共用一身。虎的耳、目清晰，獠牙裸露，双面工艺。这两件璜是由龙山时期的石家河文化之虎改制而成，已为多位学者关注。

缀玉覆面

西周(公元前11世纪—前771年)
高约35厘米，嘴长6.2厘米、宽2.9厘米
1992年曲沃县北赵村晋侯墓地M31出土

葬玉。出土于墓主的头部，由79件形制各异的玉件组成，周边围绕大小两种三角形片，大三角形尖端向内，小三角形尖端向外相隔排列。面部自上而下为眉、额、鼻、目、耳、脸颊、嘴、腮、下颌。眉、目之间的鱼形饰可能是眼帘，还有一些钩状器分布于各部位。每件玉饰上均有对穿孔，位置大多在边缘，有正、背面钻，根据钻痕推断，系采用双面钻、单面钻两种方法。一些玉件上有纹饰，其中眉、额、鼻梁上部、脸颊，是利用雕琢过的残玉改制而成。

煤质串饰

西周(公元前11世纪—前771年)
通长约25.5厘米，璜长11.5厘米
1992年曲沃县北赵村晋侯墓地M31出土

整组串饰由瑗1件，精煤石8件，青料管8件，青料珠4件，璜2件组成。瑗为白玉，断面为圆形，素面。瑗下串珠分2条，每条各有精煤石4件，青料管、珠6件组成，下接玉璜。玉璜为片状透雕，单龙侧面，弧身，尾上卷，长舌舔前爪，背上有穿孔，双面钻孔，身饰流线纹饰，双面工艺。

龙凤纹圭形玉饰

西周(公元前11世纪—前771年)
长10.3厘米,宽3.8厘米,厚0.4厘米
1992年曲沃县北赵村晋侯墓地M31出土

西周典型的柄形器,仅存手握之段,佚前段。出土于墓主的腹部。表面玉质因土沁变为黄褐色。形状类圭形,尖端为钝角形,有穿孔,一面孔较小,另一面孔较大;平端也有穿孔。两侧与平端有棱脊。双面均刻有形制相同的凤鸟纹和龙纹。凤鸟有冠,弯喙,圆眼,双翅蟠曲回旋至凤喙,凤爪立于龙身;龙身蟠曲,卷鼻,臣字目,吻前有一穿孔,内嵌绿松石,色艳华贵。纹饰多以斜切线和较细的阴线相配合的技法,勾勒双线轮廓,颇为精致。

人形玉璜

西周(公元前11世纪—前771年)
长9.2厘米
1992年曲沃县北赵村晋侯墓地M31出土

玉呈黄褐色。两面刻有造型相同的纹饰。一端为人首形,刻有简略的眼睛,犀棱为鼻和下颌,下颌处有穿孔。躯体有羽翅,并饰有勾曲云纹,脊背上有犀棱;下为一龙首,卷鼻,刻变形臣字目。另一端残缺,有一穿孔。纹饰以双勾琢刻。穿孔均外大内小,由两面穿透而成。

玉串饰

西周（公元前11世纪—前771年）
M62:11长45厘米，最大玉牌长8.2厘米；M62:12长35厘米
1993年曲沃县北赵村晋侯墓地M62出土

2组。一组（M62:11）由5块长方形带齿玉牌、 87粒玛瑙组成，2块玉玦可能与之出土于相同位置。玉牌为白玉，平面，正面以大斜刀工法做出双头龙，背面抛光，每块两端有6个牛鼻穿。另一组（M62:12）由6块盾形牌、1块玉兽面堵头、53粒玛瑙珠串成，6块盾形牌为3块白玉，3块碧玉，两色间隔串联，每块下面刻双线几何纹饰，背面4个牛鼻穿孔。盾牌为梯形弧面，长2.9～4、宽2.4～2.9厘米。西周晚期多见此类特征项饰，据考证，墓主当为晋穆侯之夫人。

人首神兽纹玉戈

西周(公元前11世纪—前771年)
长36.2厘米
1993年曲沃县北赵村晋侯墓地M63出土

黄褐色，长援起脊，内有一穿孔，两边有棱脊，通体抛光。内部两面纹饰相同，为一侧面人首神兽图案。神兽以尾撑地呈踞坐状。臣字目，大耳，圆鼻下有一向内弯曲的大獠牙，下颌有一缕直垂至足的长髯。一臂屈曲，以手挦髯。手除拇指为人手指形外，其余手指和足趾均为猛兽利爪形。纹饰以双勾技法为主，并辅以极细的阴线。神兽头发细密，每毫米并列5-6条阴线。此戈制作精良，神兽题材诡异，纹饰深镂细刻，雕琢技艺高超，是一件罕见的玉器精品。

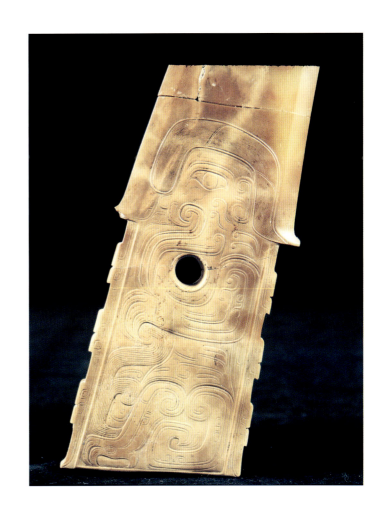

线图示意图

玉权杖头

西周（公元前11世纪—前771年）
高6.2厘米
1993年曲沃县北赵村晋侯墓地M63出土

权杖头最早出现于古埃及和近东地区，中国境内主要分布在甘肃、陕西西部、新疆等地，当为中外文化交流的产物。该器呈深绿色，圆雕，小口，口边的造型极富立体感。圆肩，鼓腹，无底，内壁有砣磨棱面。肩饰阴线凤鸟纹，弯喙，圆眼，曲冠，扬翅，钩爪，长尾垂地。上腹饰浮雕涡纹间以四瓣目纹，下腹饰三角垂叶纹。纹饰中的涡纹、四瓣目纹琢磨精致。其出土于椁室西北角的一件青铜方盒内。

玉 熊

西周（公元前11世纪　前771年）
高4.7厘米，宽2.9厘米，厚2.1厘米
1993年曲沃县北赵村晋侯墓地M63出土

青玉，玉色较杂，通身满布黑点，圆雕。整体造型是熊坐姿，竖目，吻向前，眼视前方。腿曲踞，两前爪抚于膝上，憨态可掬。身饰双勾阴线云纹，曲膝面至内凹处有一穿孔。该器与商代妇好墓出土玉熊特征基本相同，或为商代遗物。

青玉伏牛

西周(公元前11世纪—前771年)
高4厘米，长7厘米，宽2.2厘米
1993年曲沃县北赵村晋侯墓地M63出土

青玉，墨绿色，玉质较纯，圆雕和透雕相结合。牛置于一平板上，脖套上有绳与平板牵拉，牛正欲起立，前身上昂，前肢用力，表现用活牲贡献的场面。工匠将力表现于牵绳上，使牛的动感极强。通体素面抛光，使用管钻、桯钻工具痕迹明显。

玉人

商（公元前16—前11世纪）
高9.7厘米
1993年曲沃县北赵村晋侯墓地M63出土

黄褐色，圆雕，呈站立状，长脸宽额，浓眉，臣字目圆睁，宽鼻阔嘴。发式为两个前耸的犄角形，螺旋而上，后脑发式下垂微曲。双臂前举，双手抱拳，臂饰有卷曲的云纹。腹部微鼓，有一周宽腰带，上饰斜方格纹。腹一侧佩一龙形器，前端为龙首，有兕形角，方目，卷鼻，吻部有穿孔，龙体饰鳞纹。玉人双腿曲立，腿上饰卷云纹，脚似穿方头鞋，其下为片状榫头，表明此器可能是插在某一物件上使用的。从造型及装束分析，可能有某种巫术含义。与商代妇好墓出土跪忌俑特征相似，为商代遗物。

玉人

西周（公元前11世纪—前771年）
高6.3厘米
1993年曲沃县北赵村晋侯墓地M63出土

玉质呈黄褐色。圆雕，呈站立状。头发部分用碧玉雕琢，可与身体分开，头顶有小穿孔，头发向四周整齐垂下，发梢齐额，同墓出土的龙耳人足方盒上的人形，也梳这种发式，后脑刻有小辫垂至颈部，细眉杏眼，阔鼻平嘴，耳廓外凸，下有坠饰。衣领齐肩，右侧开短衽，并刻有三角纹，胸前刻对称的圆圈纹，束腰，双臂下垂，下端略呈梯形，玉人有上下直通的穿孔。

龙纹玉璧

西周（公元前11世纪—前771年）
直径15.6厘米，孔径6.8厘米
1993年曲沃县北赵村晋侯墓地M63出土

褐色，两面纹饰相同，均饰有两条蟠卷的龙纹，龙首近璧的外缘，身躯呈圆弧形向内盘转渐窄，形成尾尖收于内缘，双龙首尾相接，龙鼻上卷，张口，臣字目，眼角线勾曲，有利爪，双龙之间的空间刻有卷云纹，玉璧中装饰双龙纹比较少见。纹饰用双勾技法雕琢，精工细刻，线条婉转流畅而富有变化。

玉羊

商代(公元前11世纪—前771年)
高2.5厘米，长5厘米，宽2厘米
1993年曲沃县北赵村晋侯墓地M63出土

青白玉。圆雕。作回首卧伏状。头两侧大角内卷，圆眼，前后腿曲踞，蹄趾明显。底座为凸出的长方形。玉羊饰较宽的阴线，来分界四肢体躯。最具特色的是，头部至颈部、背至尾部有隆起的棱脊，饰有排列整齐的阴刻纹，具有前后呼应的效果。整体造型简练生动，颇具表现力。

玉鱼联珠串饰

西周(公元前11世纪—前771年)
鱼各长7.2厘米，8厘米
1994年曲沃县北赵村晋侯墓地M102出土

共2组。一组(M102:41)由青玉鱼1件，松绿石34件，红玛瑙管4件组成，鱼身纹饰表现出鳞、鬐，头尾有穿孔。单面钻。
另一组(M102:42)由鱼1件，玉珠2件，松绿石23件，红玛瑙管2件串成，鱼为白玉，造型明了，头尾端有穿孔，单面钻成。据考证，墓主当为晋文侯之夫人。

玉鸮

商代(公元前16世纪—前11世纪)
长4厘米，宽3.5厘米
2005年曲沃县羊舌村出土

商代玉器精华。圆雕，站立状，玉质莹润，有褐斑。喙部大回勾自然成穿孔，造型质朴而不失生动。与山东腾州市前掌大商代遗址三号墓出土玉鸮几近一致。

玉虎

商代(公元前16世纪—前11世纪)
长9厘米，宽5厘米
2005年曲沃县羊舌村出土

商代玉器精华。青白色，尾部有褐色沁，造型与商代妇好墓所出玉虎相同，为猛虎奔跑状，虎口怒张，足部着力，整体传递出一跃而出的力度，生动活泼，栩栩如生。

玉兔

西周(公元前11世纪—前771年)
长3～3.5厘米，宽2～2.8厘米
2005年曲沃县羊舌村出土

一组2件，一件白玉，一件青玉。造型稍有不同，白色作蹲伏状，青色有跳跃的情态，精巧温润，生动优美。

玉蟠龙

西周（公元前11世纪—前771年）
长5厘米，宽4.3厘米
2005年曲沃县羊舌墓地M2出土

表面因土沁变为黄褐色，整体造型为一条
蟠曲的龙，双线阴刻，线条流畅。

金叶形饰

西周（公元前11世纪—前771年）
长11厘米，宽5厘米
2005年曲沃县羊舌墓地M1出土

三角形垂叶形饰，正面凸起，中央为半浮雕的兽首，四周为
突出的三角几何纹。兽首五官刻划清晰而精致。

金铺首衔环

西周（公元前11世纪—前771年）
长3.2厘米，宽2厘米
2005年曲沃县羊舌墓地M1出土

一组2件，制作工艺精湛，兽头图案
纹路清晰流畅，呈耀眼的金色光泽。

伯卣

西周(公元前11世纪—前771年)
通高21.4厘米，口径9×11.1厘米
1980年曲沃县曲村出土

出土于西部棺椁间。盖口与圈足均饰蝉纹一周，盖、腹饰兽面纹，腹上部中间饰兽首，云雷纹地。盖、腹、圈足均有扉棱。兽首形提梁。全器黑亮，花纹清晰。盖内和器底有铭文"白乍宝尊彝"5字。

铜罍

西周(公元前11世纪—前771年)
通高32.4厘米，口横15.2厘米，口纵10.6厘米，足长14.2厘米，足宽12.4厘米
1988年曲沃县曲村出土

盛酒器。出土于一口水井的底部。口与圈足为长方形，各有弦纹二道，扁腹，肩部有纹饰，其中宽面两侧纹饰相同，中为兽头，兽头两旁各一圆涡纹，窄面两侧各一兽首鼻，鼻内衔圆环。另在宽面一侧下腹也有一兽首鼻。口部内侧有铭文"白乍宝彝"四字。

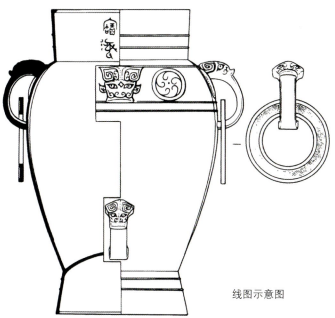

线图示意图

铭文拓片

铭文拓片（盖）

"晋仲韦父"盉

西周（公元前11世纪—前771年）
通高25.6厘米，口径13.2厘米
1988年曲沃县曲村出土

出土于南侧棺椁间。带盖四足盉，筒状流，裆下有双环，兽首形
鋬，盖顶为猪形纽，盖与器由环链相连。盖和口部各饰一长尾鸟
纹，云雷纹地。流饰斜角云纹。盖内有铭文二行，器口内有铭三
行，内容相同，计12字。"晋仲韦父乍旅盉其万年永宝"。

铭文拓片（器口）

线图示意图

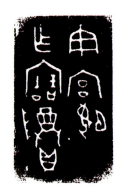

铭文拓片

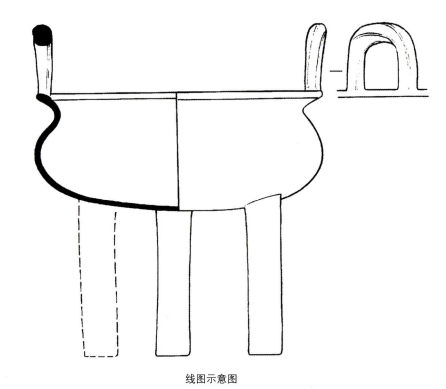

线图示意图

浅腹高足鼎

西周(公元前11世纪—前771年)
通高16.4厘米，口径14.4厘米
1984年曲沃县曲村出土

出土于东南侧棺椁间。立耳、细柱形足，
素面无纹，制作精巧，玲珑可爱。内底有
铭文"南宫姬乍宝尊鼎"2行7字。

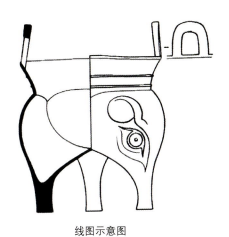

线图示意图

兽首足分裆鬲

西周(公元前11世纪—前771年)
通高15.8厘米，口径12.1厘米
1984年曲沃县曲村出土

炊食器。颈部饰两道弦纹。三兽首足，
表面光滑，个别地方呈黄色。裆内外有
烟炱痕迹。

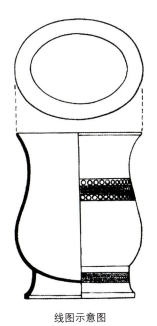

线图示意图

云纹觯

西周(公元前11世纪—前771年)
通高12厘米，口径9.3厘米
1984年曲沃县曲村出土

饮酒器。口下饰云纹一周，上下界以
连珠纹。圈足饰云纹一周。

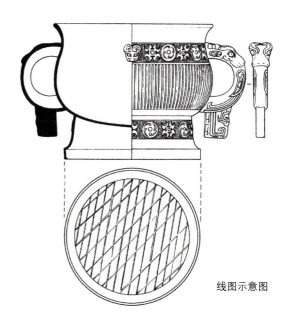

线图示意图

圆涡纹圈足簋

西周(公元前11世纪—前771年)
高17.7厘米，口径21.3厘米
1984年曲沃县曲村出土

无盖双耳簋。口下四瓣目纹间圆涡纹，云雷纹地，中间饰兽首。圈足四瓣目纹间圆涡纹，云雷纹地。兽首形耳，有垂珥。腹部饰竖条纹。

乳丁纹圈足簋

西周(公元前11世纪—前771年)
高20.4厘米，口径19.6厘米
1984年曲沃县曲村出土

带盖双耳盆形簋。口下与圈足饰云纹组成的兽面纹各一周。盖和腹部方格内饰乳丁纹。兽首形耳有垂珥。器底和盖有铭文"同乍父壬尊彝"2行6字。

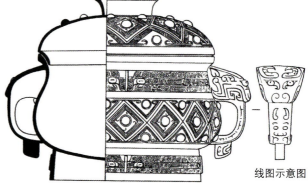

线图示意图

铭文拓片（盖）

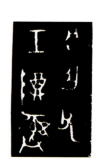

铭文拓片（器底）

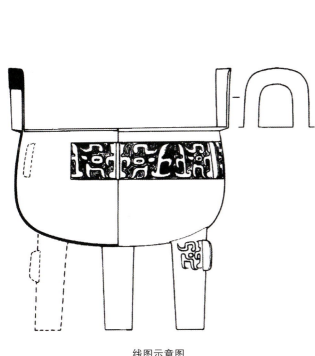

线图示意图

饕餮纹鼎

西周(公元前11世纪—前771年)
通高21.9厘米，口径18.4厘米
1984年曲沃县曲村出土

腹部饰饕餮纹一周，足上部饰兽面，外部留有烟炱痕迹。

虎形匜

西周(公元前11世纪—前771年)
高6.5厘米，长14.4厘米，宽5.6厘米
1989年闻喜县上郭村出土

盥手注水之器，整体呈一只可爱的老虎形，流为虎头，水从虎口流出，设计巧妙，自然而生动，圜底下有四条扁兽足，后有龙形鋬。

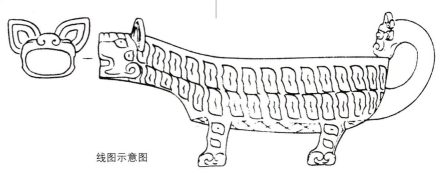

线图示意图

窃曲纹罐

西周(公元前11世纪—前771年)
高9.1厘米，口径6.65厘米，肩径9.55厘米，耳距10.1厘米
1989年闻喜县上郭村出土

盛酒器，侈口，有盖，斜肩，肩上置两大耳，折腹，下承三乳
状足。器身遍布窃曲纹，纹饰线条流畅，造型优美。

线图示意图

贮子匜

西周(公元前11世纪—前771年)
长30.5厘米，宽17厘米，高13.5厘米
1974年闻喜县上郭村出土

器形椭长，口缘较直，流槽较长，深腹圆底，后部
有龙形鋬，口衔器口。下具四扁兽形足，兽首顶匜
底，卷尾触地，口沿饰窃曲纹，腹饰瓦纹。腹内底
铸铭4行18字"佳（唯）王二月，贮子己父作宝
匜，其子孙永用"。

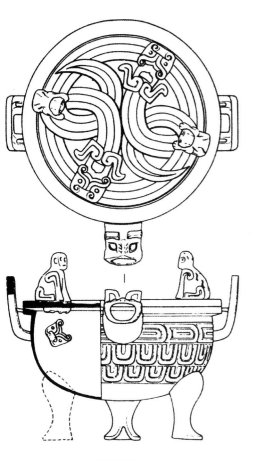

线图示意图

重环纹匜鼎

西周（公元前11世纪—前771年）
高9.5厘米，口径10.3厘米
1989年闻喜县上郭村出土

带盖，附耳，球形腹，蹄足，口沿与耳之间各有
两小柱连接，口沿微内敛，呈斜方折沿，沿一端
有虎头管状流，腹上部有重环纹，中部以下有两
周垂鳞纹。盖面有两个立体猴形纽，盖平面有两
条浅浮雕蟠龙相盘绕，盖底四周有四个兽首形
纽，用以固定盖与器口的位置。

拓片（盖部中）

拓片（侧面）

拓片（正面兽面）

拓片（侧面）

拓片（正面下端）

拓片（把手鸟纹）

兽形觥

西周(公元前11世纪—前771年)
高29厘米，长30.5厘米
2006年绛县横水墓地出土

方体，龙头盖，腹壁微曲。龙头张口露齿，唇上饰蛇纹，盖上饰龙纹和兽面纹，口沿以下饰花冠凤鸟、长冠凤鸟和弯角龙纹。觥体四壁和圈足分别饰内卷角大兽面和长冠凤鸟，均以雷纹填地。主体花纹之上又以阴线刻花，形成三层花，豪华富丽。

铭文拓片（底部）

铭文拓片（盖内）

拓片（盖部侧面）

拓片（盖部一侧）

拓片（侧面）

铭文拓片（盖内）

铭文拓片（器身底部）

兽面纹方彝

西周(公元前11世纪—前771年)
高37厘米，口长22厘米，口宽15.8厘米
2006年绛县横水墓地出土

长方体，盖和盖纽均作四坡式屋顶形，侈口，束颈，腹微曲。花纹浮雕。盖和腹的四面饰双龙组成的内卷角大兽面，阔口獠牙，巨睛利爪。口沿下饰双体龙纹。方圈足饰长冠垂尾凤鸟。自盖至足的四隅皆有扉棱，颇显凝重大方。

铭文拓片（内底）

拓片（器身纹饰）

兽面纹尊

西周（公元前11世纪—前771年）
高27.5厘米
2006年绛县横水墓地出土

体方口圆，腹微鼓。四角有扉棱。花纹粗犷，
无地纹。自口沿以下饰蕉叶龙纹和鸟纹，腹部
饰大卷角兽面纹，圈足饰兽目交连纹。

 貘尊

西周（公元前11世纪—前771年）
高11厘米，长18厘米
2006年绛县横水墓地出土

短颈，圆眼，圆形大耳，鼻稍长，短尖尾，四足粗壮，背部有盖，鸟形纽，通体饰鳞纹。生动可爱。貘，哺乳类动物，似猪似象似熊，在距今100万年到1万年之间广泛生存于温暖潮湿的环境。目前在东南亚尚存它的近亲马来貘。西周青铜貘尊在横水发现，说明当时中国还有貘类生存。

兽面纹簋

西周（公元前11世纪—前771年）
高21厘米，口径18.6厘米
2006年绛县横水墓地出土

侈口，鼓腹，圈足之下连着方座，兽形耳，耳下有钩状珥。腹上部两侧各饰一高浮雕圆耳圆睛的兽首，腹部饰兽面纹，云雷纹地，纹饰线条精细、流畅，极富神秘色彩。

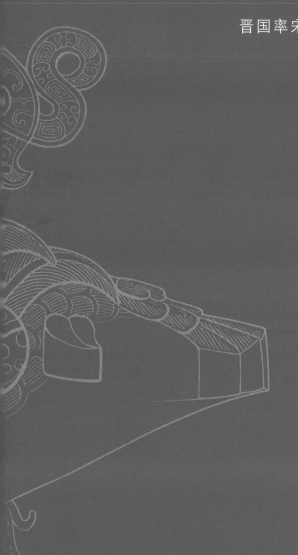

第二单元

春秋热土

公元前632年，
晋国率宋、齐、秦之师在城濮（今山东鄄城）大败楚军，
然后会盟诸侯于践土（今河南原阳），
成为中原霸主。

为适应新的形势，
寻求更广阔的发展空间，
公元前585年，
晋国都城迁往"水肥土厚"的新田（今侯马），
霸业持续辉煌近百年。

春秋晚期，
赵简子为在晋国政争中立于不败之地，
苦心经营晋阳（今太原），
分庭抗礼，
另立中心。
晋阳的崛起，
不仅导致了晋国的衰亡，
也标志着山西的政治文化中心开始向北转移。

附耳蹄足鼎

春秋（公元前770—前476年）
高66厘米，口径60厘米
1961年侯马市上马墓地出土

炊煮器。大口，窄沿，深腹，圜底，附耳外侈，兽蹄形足，
无盖。其身上纹饰分为两组，中间用两条弦纹隔开，上为蟠
虺纹，下为内填双头对称蟠螭纹的垂叶纹，鼎耳饰蟠虺纹，
两侧饰蝉纹。足部上端饰兽面纹。

蟠螭纹四耳鉴

春秋（公元前770—前476年）
高50厘米，口径62.5厘米
1961年侯马市上马墓地出土

大口，宽沿，四耳，深腹，平底。器身饰四组纹饰，沿
下饰勾连窃曲纹、勾尾蟠螭纹及空白相间三角纹，腹壁
饰蟠螭纹，四耳饰兽面纹，有角有眉，兽角镂空。

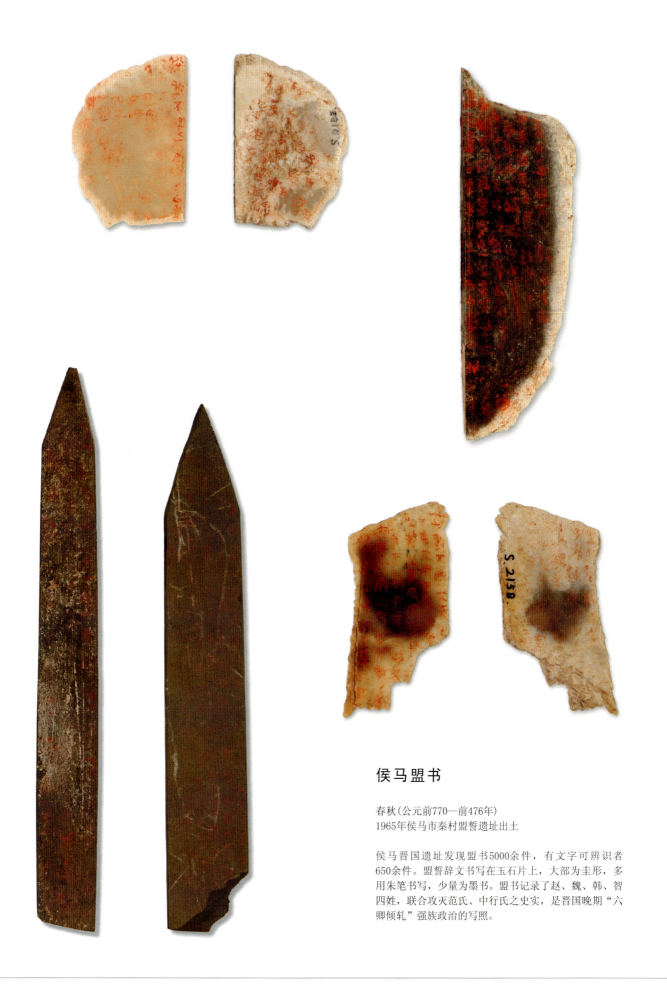

侯马盟书

春秋（公元前770—前476年）
1965年侯马市秦村盟誓遗址出土

侯马晋国遗址发现盟书5000余件，有文字可辨识者
650余件。盟誓辞文书写在玉石片上，大部为圭形，多
用朱笔书写，少量为墨书。盟书记录了赵、魏、韩、智
四姓，联合攻灭范氏、中行氏之史实，是晋国晚期"六
卿倾轧"强族政治的写照。

玛瑙串饰

春秋（公元前770—前476年）
长约30厘米
1961年侯马市上马村出土

由玉和玛瑙组成，形状有珠状、管状、
片状，有的表面刻有纹饰。色泽鲜亮。

龙形玉佩

东周（公元前770—前221年）
长19厘米，宽3.9厘米，厚0.6厘米
2001年侯马市西高村出土

白玉，泛黄褐色。龙回首爬行，椭圆形眼，上吻与龙足连接，身体弯曲呈"S"形，尖尾下卷。一面浮雕谷纹，一面素面，有明显的切割痕。

龙形玉佩

东周（公元前770—前221年）
长24.3厘米，宽11.4厘米，厚0.3厘米
2001年侯马市西高村出土

青玉，有黄褐斑。龙曲体回首，颈部下沉，吻部翻卷，
与背部相连，身体弯曲呈"S"形，双面阴刻卷云纹。
上有切割痕。背部有一穿孔。

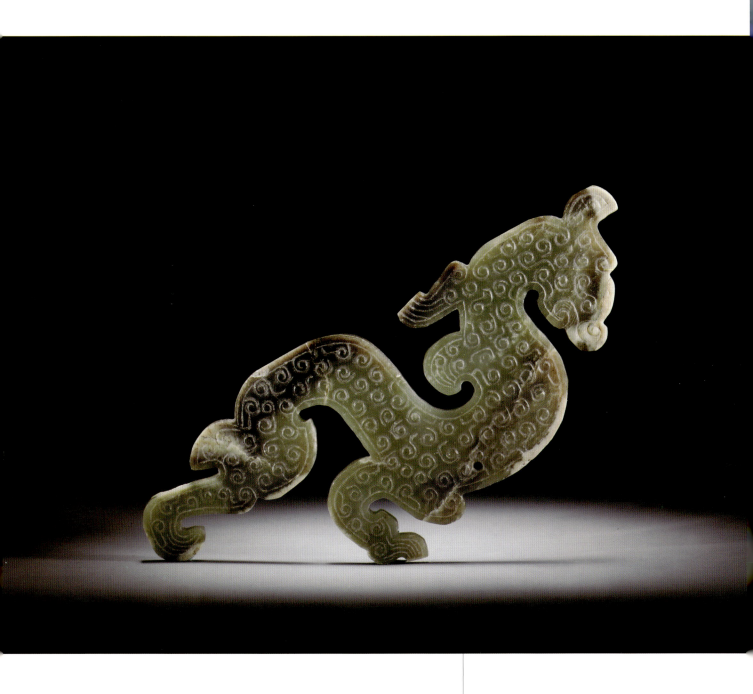

龙形玉佩

东周（公元前770—前221年）
长18.4厘米，宽8厘米，厚0.6厘米
2001年侯马市西高村出土

青灰色玉，有黑褐斑，龙俯首，身体弯曲，尾下卷，中腰对钻一孔，双面浮雕谷纹。

龙形玉佩

东周（公元前770—前221年）
长10厘米，宽3.8厘米，厚0.3厘米
2001年侯马市西高村出土

双面阴刻云纹，三龙首相映生辉，间缀凤
鸟，玲珑剔透。

龙形玉佩

东周（公元前770—前221年）
长5.7厘米，宽3.9厘米，厚0.2厘米
2001年侯马市西高村出土
青灰色玉。有墨斑，边处有沁蚀，呈白色。龙回首，
长鼻与身连接，短体弯曲，素面。

龙形玉佩

东周（公元前770—前221年）
长8.3厘米，宽0.8厘米，厚0.5厘米
2001年侯马市西高村出土

造型、大小相同。青灰色玉，有黄褐斑。长鼻，俯首，
身体弧曲，断面为椭圆形，尖尾略上翘。

龙 形 玉 佩

东周（公元前770—前221年）
长8.1厘米，宽2.9厘米，厚0.3厘米
2001年侯马市西高村出土

造型毫无差别，其制作当是雕好造型，再一剖为二。

龙形玉佩

东周（公元前770—前221年）
长8.3厘米，宽2.9厘米，厚0.4厘米
2001年侯马市西高村出土

黄褐色玉，上部沁蚀，呈灰白色。龙长鼻，俯首，弓身，尾后展，爪前伸，单面阴刻卷云纹。

龙形玉佩

东周（公元前770—前221年）
长5.7厘米，宽1.7厘米，厚0.4厘米
2001年侯马市西高村出土

白玉，半透明，有黄褐斑。龙长鼻，俯首，弓身，尖
尾内卷并翘起，中腰对钻一孔。上颚装饰有绚索纹，
双面浮雕谷纹，雕琢精美。

龙形玉佩

东周（公元前770—前221年）
长10厘米，宽4.7厘米，厚0.7厘米
2001年侯马市西高村出土

青灰色，有黄斑，边缘有鸡骨白色沁。龙俯首，身体弯曲，呈"S"形，中腰一单向钻孔，一面浮雕谷纹，另一面残留设计线。

🔸 **玉璜**

东周（公元前770—前221年）
长20.1厘米，宽3厘米，厚0.6厘米
2001年侯马市西高村出土

青灰色玉，有黑、黄斑。中腰单面
钻一孔，两端有齿形棱饰，双面浮
雕谷纹。

🔸 **玉环**

东周（公元前770—前221年）
直径3.9厘米，孔径2.5厘米
2001年侯马市西高村出土

两件大小、形制相同。青灰色玉，圆形，
断面呈椭圆形，体饰阴刻扭丝纹。

合页状玉器

东周（公元前770—前221年）
长10.8厘米，宽3厘米，厚0.5厘米
2001年侯马市西高村出土

白玉，有墨点及褐斑。为两个透雕龙套在两个环形枢纽内，可折合，两个环形枢纽的雕琢技艺高超，反映出当时精湛的治玉水平。

玉人

东周（公元前770—前221年）
高2.9厘米，宽1.2厘米，厚0.8厘米
2001年侯马市西高村出土

白玉，人作站立状，笼袖，头戴冠帽，身着长袍。衣服上阴线刻方块状网格纹。是目前考古发现中最为精小的一组玉人。

玉带钩

东周（公元前770—前221年）
长4.4厘米，宽1.3厘米，厚0.8厘米
2001年侯马市西高村出土

青灰色玉，有黄斑，钩身略呈琵琶形，体侧有棱，下附圆纽，钩头上翘。素面。

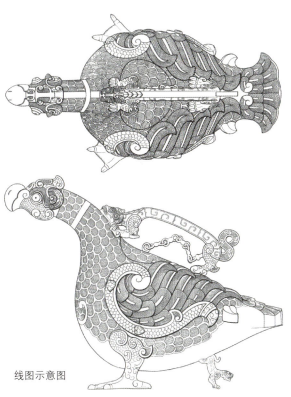

线图示意图

鸟尊

春秋（公元前770—前476年）
通高25.3厘米，长36.5厘米
1988年太原市金胜村赵卿墓出土

形如昂首挺立的鸷鸟，头顶凤冠，双目圆睁，细颈尖喙，上喙倾倒酒液时自动开启，复位时自动闭合，设计十分巧妙。全身羽纹华丽清晰，双翅和尾部羽毛高叠。鸟背上置虎形提梁，并设弧形盖，盖与鸟身羽毛衔接严密，浑然一体。鸟双腿直立，足间有蹼。尾部置一虎形支脚。小虎作昂首蹲地尽力支撑状，以求鸟尊平衡稳定。全器比例适度，工艺精巧，范模纹饰拼合严丝合缝，不露半点疵瑕，实为晋国晚期青铜杰作。

铺首牛头螭纹蹄足升鼎

春秋（公元前770—前476年）
高分别为30、28、26、24、22厘米
口径分别为30、28、26.5、24、22厘米
腹径分别为37、33.6、33.5、31.5、26.5厘米
1988年太原市金胜村赵卿墓出土

一组5件，大小相次成列，器形、纹饰基本相同，纹样随鼎体的减
小而略有减少。器物为覆盆形盖，上置三卧伏状犀牛纽，犀牛昂
首，竖耳，圆眼，阔鼻。盖正中有桥形纽，衔环。器为弇口，唇微
敛，圆腹微鼓，两侧设一对兽面铺首衔环，短粗兽蹄足，弧形裆低
矮。盖面上由内向外有三组花纹，依次为鸟纹、牛头双身螭纹和夔
凤纹。上腹部为牛头双身螭纹带。各类主要纹饰都以回纹等几何纹
作填纹。出土时鼎内置牛、羊骨胳。

铺首环耳螭纹蹄足升鼎

春秋（公元前770—前476年）
高分别为32.8、30、26、24、25、22厘米
腹径分别为37.2、34、31、29、28、27厘米
1988年太原市金胜村赵卿墓出土

一组6件，大小相次成列，器形、纹饰基本相同，纹样随鼎体的减小而略有减少。浅盘形盖，盖面置三个环形纽。体弇口，唇微敛，圆腹微鼓。腹部有一对衔环铺首，铺首首面形，眉目清晰，整个形体成扁圆形，档部低矮，圆形底，三个短粗兽蹄形足。出土时，内含泥范芯。盖面有三组纹样，由里及外，正中三只夔凤构成凤鸟纹带，中部由二蟠螭首尾相咬构成蟠螭纹带，边沿由二"C"形蟠螭相接的蟠螭纹带，前后连接成一体。腹部同盖上的宽窄二组"C"蟠螭纹情况相同。二组花纹间有凸弦纹一周，上有菱形回纹。各纹样中都用回纹或三角回纹作填纹。出土时，鼎内置雁骨架。

立耳凤螭纹蹄足鼎

春秋（公元前770—前476年）
高54厘米，口径54厘米，腹径56厘米
1988年太原市金胜村赵卿墓出土

立耳外撇，附铸在口沿的内侧。鼎体圆口，平唇束颈，鼓腹，
圆底，三蹄足，立耳两侧面共饰"S"形蟠螭纹十组。立耳的
正背两面上部为"C"形蟠螭纹，两侧为"S"形蟠螭纹。蟠螭
三角形耳，口衔爪，鼎体上腹饰口尾相咬"C"形蟠螭纹带。
颈和下腹部都饰凤鸟纹。凤为华冠，尖嘴，蜷身，腹部上下两
组纹样间以凸弦纹为界纹，上饰三角回纹。螭和凤均以回纹作
填纹，十分华丽。兽蹄形足。出土时有的鼎内置牛、羊、猪的
骨骼，外底部都有烟熏的黑炭，当为实用器。

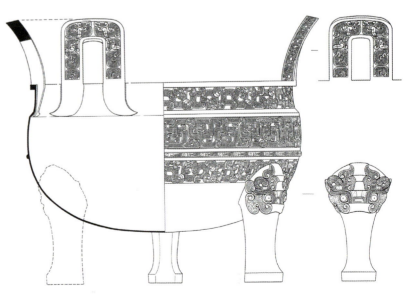

线图示意图

莲盖夔龙纹方壶

春秋(公元前770—前476年)
通高66.7厘米，最大腹径35.6厘米，口径23.4厘米，圈足径25.8厘米
1988年太原市金胜村赵卿墓出土

一组4件，形制、大小、纹样皆相同。长方形华盖，中空，有一周凹槽，四周八片镂空外侈的莲花瓣，每片莲花瓣内饰二条夔龙。子口可插入壶口。壶体母口，厚唇内敛，承接华盖。修长束颈。颈两侧有一对壮硕的兽形耳。兽回首卷尾，蹲立，眉目清秀，卷鼻，獠牙。兽似虎非虎。肩外弧起棱，鼓腹，腹最大径接近壶底，喇叭形方座，圈足。

夔凤纹鉴

春秋（公元前770—前476年）
通高42.4厘米，口径70.6厘米
1988年太原市金胜村赵卿墓出土

一组4件，形制、大小、纹样皆相同。大敞口，沿平折，颈微敛，宽肩，曲壁，腹内收成弧形，平底，矮圈足。附有对称的四个铺首衔环。铺首为立雕的兽头，扁平圆环。铺首饰云纹、回纹、瓦纹。颈部和下腹部饰夔凤纹带，夔凤正反交织成方形几何纹图案。上腹部饰饕餮纹带。

蟠螭纹甗

春秋（公元前770前476年）
高53.4厘米，口径44.75厘米，甑高25.4厘米，鬲高26.6厘米
1988年太原市金胜村赵卿墓出土

上甑下鬲，甑平折沿，束颈，宽肩，腹壁收敛较甚，小平底。底铸成圆形箅，箅孔呈辐射形。圈足外撇。肩、颈间有一对兽面铺首衔环。鬲直口，宽肩，鼓腹，下连三个低矮的柱足，联裆。肩部有一对兽面铺首衔环。纹饰精美。

蟠虺纹簠

春秋(公元前770—前476年)
高分别为20、19厘米；口径分别为35.6、36厘米
1988年太原市金胜村赵卿墓出土

盛稻粱之器。两件器物形制、大小、纹样相同。盖、器基本相同，上下对合成一体，盖、器均作长方矩形，平口，直壁，下腹壁斜折，平底。在盖、器的两短边各设一对兽面铺首环形耳，下承四个曲形蹼形足。腹壁和足壁饰"C"形蟠虺纹。

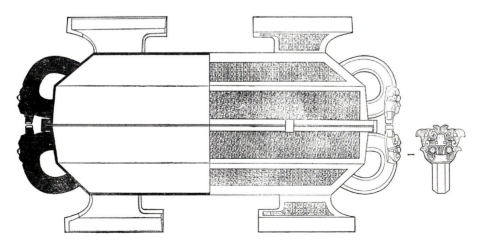

线图示意图

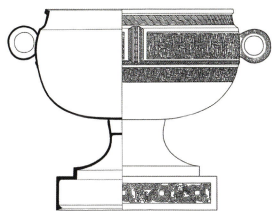

线图示意图

方座四耳豆

春秋(公元前770—前476年)
高17.6厘米，口径17.5厘米
1988年太原市金胜村赵卿墓出土

两件器物形制、大小、纹样相同。平沿，折唇，敛口，束颈，鼓腹内收，腹壁上置对称的四个环耳，圜底，矮喇叭形圈足，下承方形座。盘壁有宽、窄两周细蟠虺纹带，颈部饰粗绹索纹，环耳饰回纹和贝纹。方座上饰"S"形蟠螭纹。

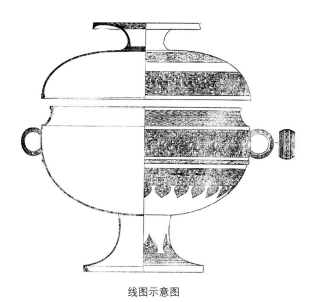

线图示意图

蟠虺纹盖豆

春秋(公元前770—前476年)
高18厘米，口径15.5厘米
1988年太原市金胜村赵卿墓出土

两件器物形制、大小、纹样都相同。盖与豆盘扣合后呈扁球形。盖呈覆碗状，圆形捉手，母口，可与豆盘子口套合，豆盘深腹，小平底，下承喇叭形矮柄圈足。豆盘两侧置环耳一对。盖面捉手饰花纹四周，由里及外，依次为三角回纹、绹索纹、勾连云纹和云头三角纹。盖和豆盘饰宽、窄蟠虺纹四周，纹样紧密，以凸弦三角纹为界纹。口沿上三周">"纹，下腹为垂叶纹，其中用一对"S"形夔龙作填纹。环耳饰贝纹和绹索纹。纹样图案化，分节环印，接痕清晰。

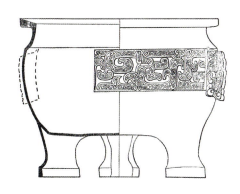

线图示意图

夔龙兽带纹鬲

春秋(公元前770—前476年)
高11厘米，口径14.4厘米
1988年太原市金胜村赵卿墓出土

两件器物形制、大小、纹样相同。折沿，厚唇，敛口，束颈，腹部微鼓，平底，瓦状兽蹄足。肩部饰三条龙形扉棱，扉棱内填圆点纹。上腹部一周正反组合的夔龙纹带，龙首在正中，身在四周。内填云纹和三角回纹。

扁壶

春秋（公元前770—前476年）
高38.3厘米，最大腹径24.6厘米
1988年太原市金胜村赵卿墓出土

平沿，直口，溜肩，肩两侧附有环形耳，收腹，平底，下接椭圆形圈足。颈腹壁狭窄。下腹部一侧有一环形耳，用于背水时方便。腹部饰有宽带状凸弦纹，似绳络。其余均为素面。

盾形玉饰

春秋（公元前770—前476年）
高5.8厘米，宽3.2厘米，厚0.3厘米
1988年太原市金胜村赵卿墓出土

青色，玉质上乘，制作考究。椭圆形，中间略鼓，两侧各有
一孔。器面以十字凸棱将其分割，其间隐起谷纹。

勾云纹玉瑗

春秋（公元前770—前476年）
1988年太原市金胜村赵卿墓出土

左侧玉瑗呈红褐色，质地较纯净，系半成品，肉
两侧皆有切割时留下的切割痕，饰勾云纹，仅起
了一段草稿，镌刻了几刀。右侧玉瑗，青色有褐
斑，器身满饰勾云纹。

勾云纹玉璜

春秋（公元前770—前476年）
长6.5～11.5厘米，厚0.4厘米
1988年太原市金胜村赵卿墓出土

玉质晶莹，制作精致。龙形一身双头，两端及侧面有
锯齿状凸棱，两件器身分别饰勾云纹和谷纹。顶部或
两端有对钻的小孔。其中一件以细密绚索纹将器身分
隔为三等分。

勾云纹玉饰

春秋（公元前770—前476年）
长12.2厘米，宽5～6厘米，厚0.25厘米
1988年太原市金胜村赵卿墓出土

玉饰中间有一裂纹，褐色器表，以两道饰三角纹横带
区分为三部分，均满饰勾云纹，四角各有一穿孔。

龙形玉佩

春秋(公元前770—前476年)
长10.1厘米，厚0.6厘米
1988年太原市金胜村赵卿墓出土

玉质润泽，龙蜷曲弓伏，回首卷尾，龙足隐约可辨，全身遍布隐起谷纹，是春秋晚期龙纹的典型式样。局部有褐色沁痕，刻有轮廓线，器上方有一个圆孔。

玉剑璏

春秋(公元前770—前476年)
长5.2厘米，宽4.2厘米，厚3.1厘米
1988年太原市金胜村赵卿墓出土

又称剑鼻。《说文·玉部》："璏，剑鼻，玉也"。装在剑鞘上方，用以贯带系剑于腰者之器。青色有褐斑。玉质晶莹，制作精致。呈禽鸟状，鸟身上各部位均清晰可辨，为玉剑璏中的精品。

玉具剑

春秋（公元前770—前476年）
通长45.1厘米，茎长9.1厘米，宽1.4厘米，玉格宽6.2厘米，厚1.4厘米
1988年太原市金胜村赵卿墓出土

由青铜剑、玉剑格和剑首三部分组成。茎呈方柱体，剑身呈柳叶形，脊突出明显，锋刃锐利，断面呈菱形，锷前细后粗。三角形玉格，中空，紧紧地镶嵌在剑身与茎之间。玉格的顶角与剑脊重合。茎端有圆形玉剑首。玉格中部饰几何三角纹，两侧为卷云纹。剑首中部饰涡纹，周围饰谷纹。

琉璃串珠

春秋（公元前770—前476年）
大者直径1.2厘米，长2.21厘米；小者直径0.6厘米，长0.9厘米
1988年太原市金胜村赵卿墓出土

共13枚，依其形制大小可分为三种，纹饰及质地相同，浅绿色底，球形，两端略平，中一圆孔。器表镶嵌白边深蓝圆点，酷似蜻蜓眼。制作精致，色彩绚丽，图案鲜明，光彩夺目。

水晶串饰

春秋（公元前770—前476年）
大者长1.4～2.1厘米，小者长1～1.2厘米
1988年太原市金胜村赵卿墓出土

由69颗组成，分大小两种，大者45颗，小者24颗。多出自墓主人的手腕和脚踝位置。多数为圆珠形，少数为管状。颜色为紫色、烟色，大部分无色透明，色泽晶莹，质地光滑。

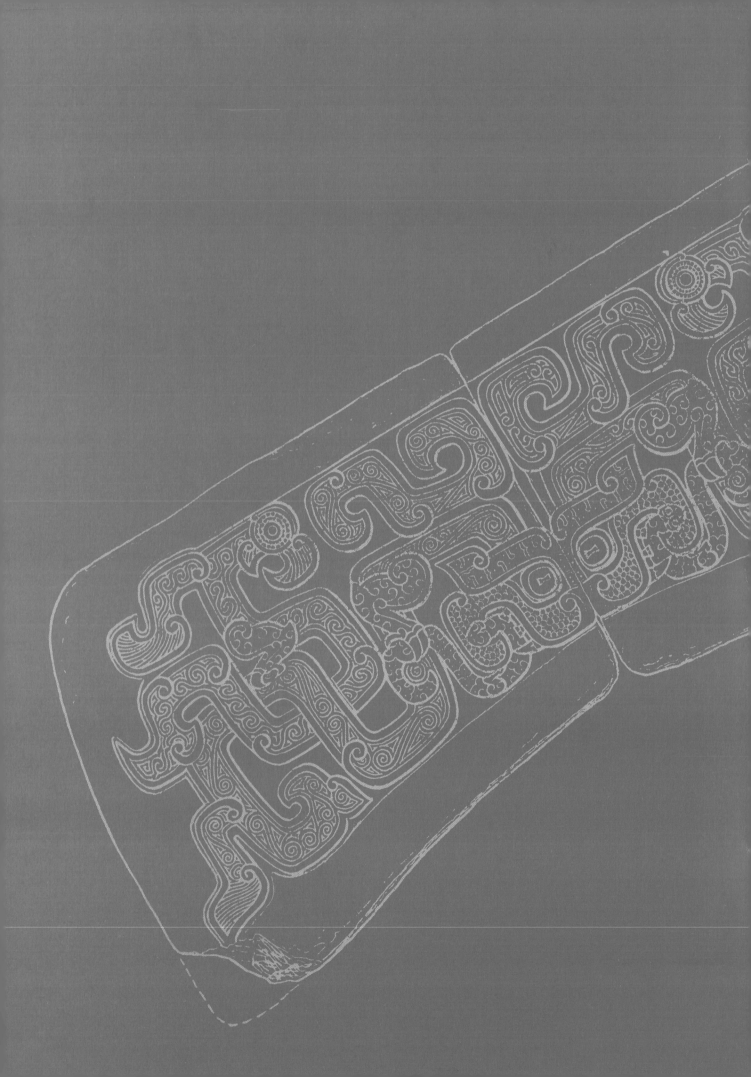

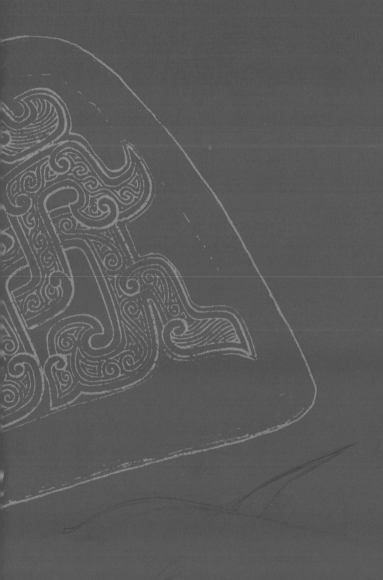

第三单元

青铜华彩

东周时期的晋国，
率先实行政治变革，
国力强盛。
手工业规模庞大，
分工细密，
工艺精湛，
具有高度艺术性的陶范，
代表了晋国青铜器的铸造水平。
晋国青铜器的艺术理念、
工艺设计和铸造技术，
皆开艺术变革风气之先。
中原风格的基础，
吸收北方草原文化因素，
取法自然的活泼浪漫，
在浑厚肃穆中添加灵巧秀丽，
形成了独特的艺术面貌，
于列国青铜文化中自成体系，
实为中国青铜艺术中璀璨的明珠。

蟠螭纹甬钟

春秋(公元前770—前476年)
高87厘米，铣距42厘米
1961年万荣县庙前村出土

甬作上细下粗八棱柱状，下部有一圈圆箍，正面置一兽首环纽。钟枚较高，有底座，分布接近全长的二分之一。舞面和篆均饰蟠螭纹，鼓面饰龙蛇复合式兽面纹。口部饰斜线纹。

蟠螭纹甬钟

春秋(公元前770—前476年)
高95厘米，铣距50厘米
1961年万荣县庙前村出土

两件同时出土，形制相同，大小不同。甬作上细下粗八棱柱状，下部有一圈圆箍，正面置一兽首环纽。钟枚较高，有底座，分布接近全长的二分之一。舞面和篆均饰蟠螭纹，鼓面饰龙蛇复合式兽面纹。口部饰斜线纹。

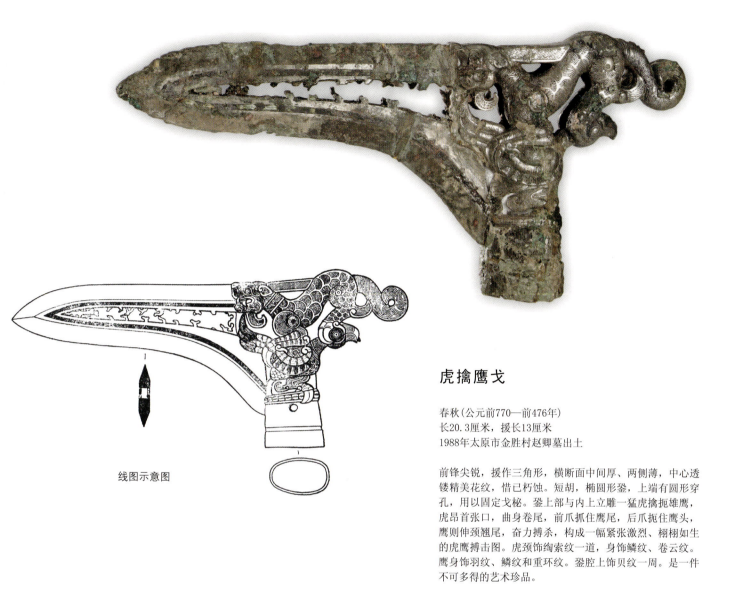

线图示意图

虎擒鹰戈

春秋（公元前770—前476年）
长20.3厘米，援长13厘米
1988年太原市金胜村赵卿墓出土

前锋尖锐，援作三角形，横断面中间厚、两侧薄，中心透
镂精美花纹，惜已朽蚀。短胡，椭圆形銎，上端有圆形穿
孔，用以固定戈柲。銎上部与内上立雕一猛虎擒扼雄鹰，
虎昂首张口，曲身卷尾，前爪抓住鹰尾，后爪扼住鹰头，
鹰则伸颈翘尾，奋力搏杀，构成一幅紧张激烈、栩栩如生
的虎鹰搏击图。虎颈饰绹索纹一道，身饰鳞纹、卷云纹。
鹰身饰羽纹、鳞纹和重环纹。銎腔上饰贝纹一周。是一件
不可多得的艺术珍品。

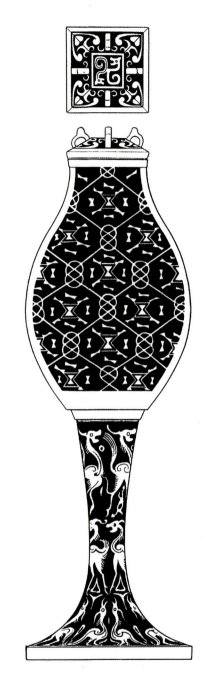

高柄小方壶

春秋（公元前770—前476年）
高28厘米，口径4.2厘米，腹径8.9厘米
1988年太原市金胜村赵卿墓出土

造型修长挺拔，纹样精美。盝顶式盖，四坡面上各附环形组，盖下部有子口，插入壶口。壶体平沿小方口，颈部微缩，溜肩，鼓腹，下腹内收，平底。下承喇叭形长柄圈足。盝顶盖正中相交的二龙，昂首卷尾，其一加绘黑线，以示雌雄之别，似寓伏羲和女娲之象，也是较早见到的"卍"字形态。四隅饰心形图案。壶身饰菱形和银锭形图案。壶柄饰三组神鸟图案，或昂首阔步，或引颈长鸣，寓意深奥。该壶纹饰精美，均以黑红色矿物颜料镶嵌而成，颇为珍罕。

线图示意图

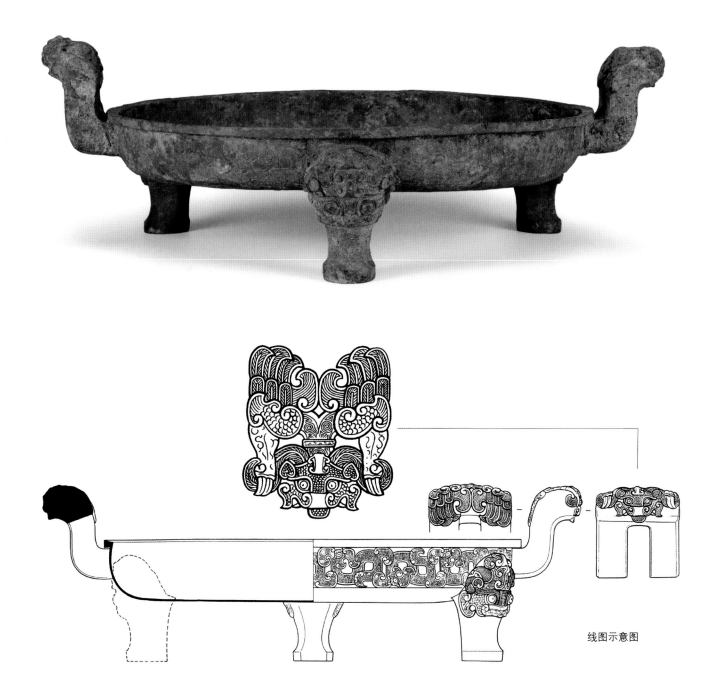

线图示意图

夔凤纹三足盘

春秋（公元前770—前476年）
高19.6厘米，口径48.35厘米
1988年太原市金胜村赵卿墓出土

盥洗器。平沿，厚唇，直壁，下腹圆弧，平底。盘身两侧有一对附耳，下接三蹄形足。盘腹壁有一周"S"形夔凤纹带，正倒相间。附耳上端，刚劲有力的凤爪紧紧抓住兽面双角，兽双眼圆睁。凤身羽毛清晰可辨。三蹄形足足根饰兽面纹。

线图示意图

夔龙纹舟

春秋（公元前770—前476年）
高8.7厘米，口径19.2×15.3厘米
1988年太原市金胜村赵卿墓出土

两件器物形制、大小、纹样都相同。椭圆形，束颈，厚唇微敛，腹略鼓，小圜底，下接圈足。腹壁有一对环形耳，腹部饰宽、窄两周细夔龙纹，龙互相缠合。下腹部有垂叶纹，垂叶内用相向夔龙做填纹。上下纹带间以凸弦纹为界纹，上刻勾云纹。

卧牛纽蹄足鼎

春秋（公元前770—前476年）
高11.3厘米，耳间距14.5厘米
1988年太原市金胜村赵卿墓出土

覆钵形盖，正中有环形纽，纽中有一圆环，为捉手。周围置有等距3头立雕卧牛，牛头前昂，角、耳、鼻、眼清晰，躺卧在地，悠闲自在。鼎体弇口，唇内敛，方形耳，腹壁微鼓，平底，三蹄足，足微外撇，空心。盖鼎环纽和圆环饰绚索纹，牛身饰锥刺纹，似牛毛，正中心饰涡纹和三角回纹。盖和鼎身饰宽窄二周"C"形蟠螭纹带。蟠螭头带角，身相互纠缠，十分紧密。蟠螭身饰三条平行线。鼎身正面线刻"S"纹，侧面饰勾云纹。鼎腹部在二组纹样中用凸弦纹为界纹。足根线刻兽面纹。

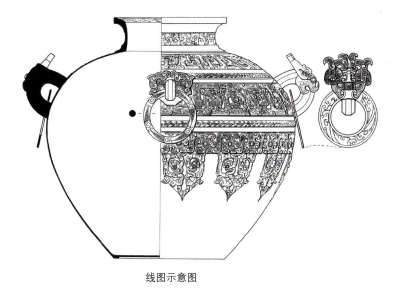

线图示意图

夔凤纹罍

春秋（公元前770—前476年）
通高36.3厘米，最大径37.8厘米
1988年太原市金胜村赵卿墓出土

方唇外侈，小口，束颈，溜肩，圆腹，下腹内收成平底。肩部二对对称的铺首衔环，大小不一。自器口至下腹部以绚索纹带为界分别装饰斜三角回纹、夔凤纹、蟠螭纹、窃曲纹和垂叶纹。器型端庄，纹饰采用高浮雕形式构图，清晰美观。为晋国青铜器上乘之作。

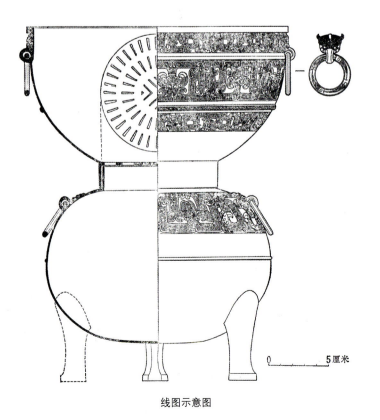

线图示意图

牛头双身蟠螭纹甗

春秋（公元前770前476年）
高29.5厘米，口径22.5厘米
1988年太原市金胜村赵卿墓出土

上甑下鬲。甑折沿，厚唇略外撇，直颈，下腹内收成平底，箅圆形，箅孔为辐射形，内外共2周。颈的两侧有1对兽面铺首，以鼻为环，衔环。颈和下腹部均饰"S"夔凤纹带纹。上腹部牛头双身蟠螭纹带。鬲直口，肩部微鼓，弇口，短颈，鼓腹，腹壁下半部内收成平底，三蹄足。肩部有一对兽面铺首衔环。甑置鬲上，严丝合缝，非常稳妥。

蟠虺纹车盖斗

战国（公元前475—前221年）
通高13.3厘米、顶径9.6厘米
1954年长治市分水岭出土

斗上作直壁扁鼓形，周壁有长方镂孔18个，为插辐搭顶所用。斗下渐收细长喇叭筒形，长三角镂孔8个，为固定盖顶所用。斗顶饰蟠螭纹和涡纹。

络绳蟠螭纹链盖壶

战国（公元前475—前221年）
高34厘米，口径11.2厘米
1995年定襄县中霍村出土

盖平，一环形纽，子口。身方唇，束颈，溜肩，圆腹，平底，下接矮圈足。颈部两侧有一对铺首衔环耳，上套梁环。提梁横直，两端下曲，各以四节交揲纽下接两耳。盖上饰蟠虺纹，器颈部饰蟠螭纹一周，身饰凸起的绳络纹，内填蟠螭纹和圈点纹，圈足作绚纹。

交龙纹壶

战国（公元前475—前221年）
高56.7厘米、口径15厘米
1995年定襄县中霍村出土

盖平弧，正中一环形纽，子口。体方唇，直口，束颈，溜
肩，弧腹，平底，下承矮圈足。肩部有兽首形环耳，颈部和
下腹部均置四个铺首衔环纽。身饰细交龙纹六周，间以宽弦
纹带，以圆珠纹衬底。圈足作绚纹带。

斜角云纹鼎

战国（公元前475—前221年）
高31.2厘米，口径33.2厘米
1972年长治分水岭出土

盖呈覆盘形，有三环纽，饰斜角云纹。器口外附耳，鼓腹，蹄足。口与腹分饰斜角云纹带，足根饰兽面纹。

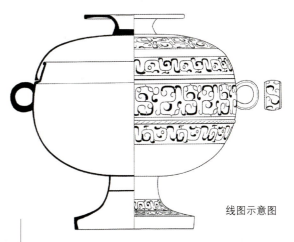

线图示意图

镶嵌错金蟠兽纹铜豆

战国（公元前475—前221年）
高19.2厘米、口径17厘米
1965年山西省长治市分水岭出土

盖顶捉手和圈足均作喇叭形。腹侧有环耳，通体错金蟠兽纹、垂叶纹、三角云纹等，纹饰精美，堪称瑰宝。

线图示意图

饕餮纹模

东周（公元前770—前221年）
长42厘米，宽18厘米
1957年侯马市出土

鉴类腹部模，图案长眉巨口，锋牙外露。属高浮雕饕餮，线条粗犷刚劲。

饕餮纹钟舞模

东周（公元前770—前221年）
长12.3厘米，宽10.4厘米，厚1.7-2.5厘米
1957年侯马市出土

略呈扇面形，四周有凸起的边。当为编钟舞部
的六分之一。图案为兽面衔凤的一部分。

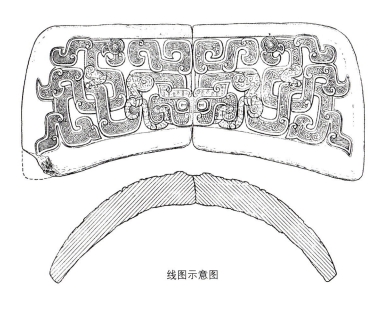

线图示意图

饕餮衔虺钟鼓模

东周（公元前770—前221年）
最长19厘米，最宽8厘米
1957年侯马市出土

浮雕纹饰，两块组成一个兽面，图案为饕餮口衔双虺，
两侧身体又与两只无冠凤鸟相缠。画面生动威武。

鹰首模

东周（公元前770—前221年）
长6.3厘米，宽4.5厘米
1957年侯马市出土

似盉类流部的模，喙上部呈榫状，身饰
羽纹，造型别致。

线图示意图

鼎耳内外范合范

东周（公元前770—前221年）
高14.5厘米、宽11.5厘米、厚4.57厘米；
芯高6.1厘米、宽2.4厘米
1957年侯马市出土

发现时已合好待铸。外敷一层草泥。浇口用草泥接长2.5厘米，呈扁锥形。浇口下部中央凸起三角形榫将直浇口分为两道。中央刻划出活动芯的范围，面上一榫一卯。上部两侧各有一个圆坑为固定芯的芯座。芯下端侧面有一个透气孔，中央较细，使铸件上形成横柱以便和鼎体连接时起加固作用。

举手人物范

东周（公元前770—前221年）
长9.8厘米，宽7.3厘米，厚4.5～5厘米
1957年侯马市出土

复合范。形象为一人站立，双手上举，十指并拢，似托物状。头戴月牙形"冠"。着长衣，长及脚面，衣上饰宽条，内填纤细斜角雷纹。系腰带，打双蝴蝶结，穗下垂。

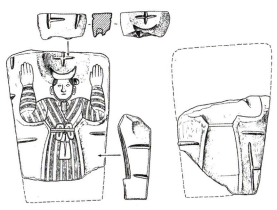

线图示意图

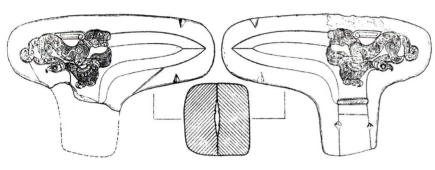

线图示意图

虎擒鹰戈范

东周（公元前770—前221年）
长17厘米，宽11.2厘米，厚1.5～2.5厘米
1957年侯马市出土

一套二扇范，一扇残，一扇略残。背面有刀修痕迹，一侧分型面上有两条排气孔，另一侧銎部芯座两侧有两个三角形卯。銎部断面椭圆形，内部饰卧虎擒鹰形象。

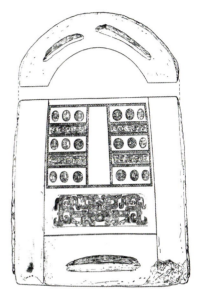

线图示意图

饕餮纹钟体范

东周（公元前770—前221年）
高16厘米，宽15.4厘米，厚2.5厘米
1957年侯马市出土

为钟体的一半，黄褐色。与舞范结合面有长条形卯两个。芯座在下部，有一个长条形卯。鼓部饰饕餮纹，填斜角云纹，篆带饰细线勾勒蟠螭纹，枚饰蟠螭纹，三个一排，蛇头一向左，一向右，中间向上。各部以绹索纹作界带，纹饰线条极浅细。

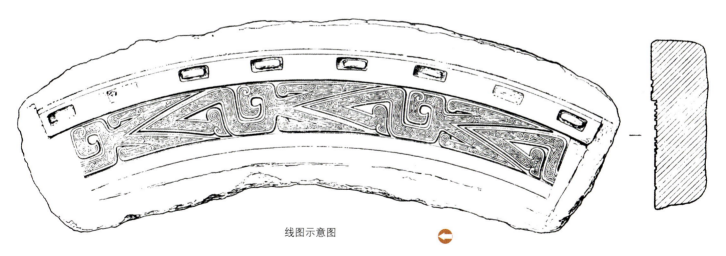

线图示意图

斜角云纹鉴口沿模

东周（公元前770—前221年）
长37厘米，宽10厘米
1957年侯马市出土

鉴口沿部完整模。外缘面上有八个长方形槽，挖出又填平，面上有翻范的痕迹，甚清晰。饰斜角云纹，前尖，后分叉，互相衔接，填纹亦为斜角云纹。

俯视图

散虺纹舟内外范

东周（公元前770—前221年）
高24.6厘米，直径19厘米，底范长8.7厘米，宽7厘米
1957年侯马市出土

一套完整范，发现时已合好待浇铸，略变形。复合
范，带浇口。外范为腹部两扇，圈足底部一扇。内范
为腹部一件。合范后呈椭圆体。纹饰分为四层，自口
沿向下依次为：斜角云纹、散虺纹、贝纹、散虺纹。
内范已变形。表面平整，土质细腻，内部疏松。

侧视图

雷纹模

东周（公元前770—前221年）
长13厘米，宽10厘米
1957年侯马市出土

残。纹饰图案规整，一端卷曲，相互勾连，结构紧凑。

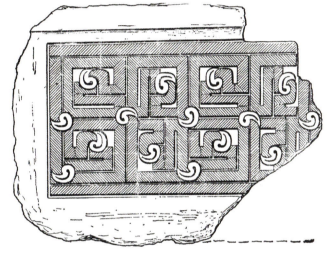

线图示意图

铺首模

东周（公元前770—前221年）
高6.7厘米，宽8厘米
1957年侯马市出土

模面凸起一个浮雕式衔环铺首。
高鼻大眼，环从鼻中穿过。

虎形器耳整套陶范

东周（公元前770—前221年）
通长18.5厘米， 高6.4厘米， 宽7厘米
1957年侯马市出土

同出两套完整范。复合范，三扇范组成一个铸型，合范呈长
方形。两侧分型面上有八个榫卯，底范一周六个榫卯。浇口
在尾部。虎身饰草叶状云纹。

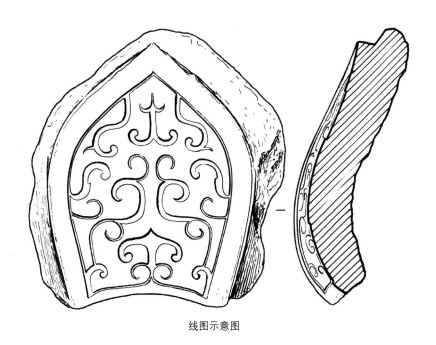

线图示意图

莲纹壶盖模

东周（公元前770—前221年）
长8.5厘米，宽8厘米
1957年侯马市出土

莲瓣形模。面上饰单片叶状莲纹。

后 记

  为纪念深圳博物馆开馆20周年，深圳博物馆与山西博物院、山西省考古研究所合作举办了"晋国霸业——山西出土两周时期文物精华展"。

  这次展览的成功举办，得益于深圳市宣传文化专项基金的大力支持，同时也得到了山西博物院、山西省考古研究所领导和相关人员的鼎力相助。山西博物院的李勇副院长负责展览前期工作的统筹、协调，发展部、保管部、陈列设计部为展品的选定及相关资料的搜集、整理付出了辛劳。展览后期的总体筹划由深圳博物馆郭学雷副馆长负责，内容、形式设计及宣传推广工作由李维学、侯玲雅、穆建伟、王晓春具体承担。文物出版社为本书的出版也给予了大力支持。在此一并致谢。

编　者

责任编辑：边　漪

责任印制：王少华　张　丽

图书在版编目（CIP）数据

晋国霸业：山西出土两周时期文物精华展图录 / 深圳
博物馆，山西博物院，山西省考古研究所编.—北京：文
物出版社，2008.11

　ISBN　978-7-5010-2636-4

　Ⅰ.晋… Ⅱ.①深…②山…③山… Ⅲ.出土文物—山西
省—周代—图录 Ⅳ.K873.25

　中国版本图书馆CIP数据核字（2008）第166721号

晋国霸业——山西出土两周时期文物精华展图录

编　　者　深圳博物馆　山西博物院　山西省考古研究所

出版发行　文物出版社

社　　址　北京市东直门内北小街2号楼

网　　址　http://www.wenwu.com

邮　　箱　web@wenwu.com

经　　销　新华书店

制版印刷　深圳市金域印刷有限公司

开　　本　889×1194毫米　1/16

印　　张　7.5

版　　次　2008年11月第1版

印　　次　2008年11月第1次印刷

书　　号　ISBN　978-7-5010-2636-4

定　　价　160.00元